LOS ABUELOS MALDITOS

MANUEL PEREIRA

La Habana, 1948

Es novelista, ensayista, traductor, crítico literario y de artes visuales, periodista, profesor, pintor y guionista cinematográfico.

Ha publicado las novelas: *El Comandante Veneno*, Arte y Literatura, La Habana 1977; *El Ruso*, Letras Cubanas, La Habana, 1980; *Toilette*, Anagrama, Barcelona, 1993; *Insolación*, Diana, México D.F., 2006 y reeditado por Bokeh, Holanda, 2015; *Un viejo viaje*, Textofilia, México D.F., 2010 y reeditado por Linkgua, Estados Unidos, 2011; y *El beso esquimal*, Textofilia, México D.F., 2015.

Entre otros, también son de su autoría el libro de cuentos *Mataperros*, Algaida, Sevilla (Premio Internacional Cortes de Cádiz 2006), y reeditado por Textofilia, México D.F., 2012; y los ensayos *La prisa sobre el papel*, Ciencias Sociales, La Habana, 1987; *La quinta nave de los locos*, Unión, La Habana (Premio Nacional de la Crítica 1988); *Biografía de un desayuno*, Porrúa, México D.F., 2008; *El ornitorrinco onírico*, Arteletra, México D.F., 2010; y *El ornitorrinco y otros ensayos*, Textofilia, México D.F., 2013.

Actualmente publica en su blog *Manuel Pereira: El azogue de La Habana Vieja*, que se puede visitar en manuelpereiraazogue.blogspot.com.

LOS ABUELOS MALDITOS

Manuel Pereira

EDICIONES
SURCO**SUR**

Sobre la presente edición:

© Ediciones SurcoSur, 2019
© Manuel Pereira, 2019

Edición: Alberto Sicilia
Perfil editorial y diseño: Leonardo Orozco
Ilustración de cubierta: *La soberbia*, de Jheronimus Bosh, *el Bosco*

ISBN: 978-1-7339820-1-6

Ediciones SurcoSur
216 W Hamiller Ave.
Tampa, FL, 33612
surcosurediciones@gmail.com

LOS ABUELOS MALDITOS

Las raíces del Mal se pierden en la noche de los tiempos. Para Georges Bataille[1] su forma literaria posee «un valor soberano», agregando que «esta concepción no supone la ausencia de moral, sino que en realidad exige una 'hipermoral'».

Una arqueología del Mal también se podría rastrear desde el gnosticismo del siglo I, que también proclamaba una moral intensa.

De acuerdo con esa *gnosis* (o «conocimiento» en griego) el azufre lo impregna todo, desde los insectos hasta las galaxias pasando por los minerales, los vegetales, los animales y los seres humanos. Si aún después de muertas, las estrellas siguen brillando, entonces todo es apariencia, vivimos en una escenografía, rodeados de tramoyas y decorados, entre sombras, igual que en la Caverna de Platón.

Según los gnósticos, el gran culpable de tanta maldad e imperfección en este mundo es el Demiurgo, que todo lo hace al revés... incluso, cuando quiere hacer el bien, todo le sale mal. Le llaman a eso «la deficiencia en el Pleroma», o sea, la inesperada creación de la materia en un universo antes puramente

---

[1] GEORGES BATAILLE: *La Literatura y el Mal* (1957).

7

espiritual. La materia es corrupta, corruptible y corruptora *per se*.

Solo así se explicaría tanto afán maléfico en los seres humanos, tanto delirio y confusión crecientes desde que el mundo es mundo, lo cual contradice la idea de que hay un Dios bueno velando por la armonía y la paz en este mundo. A sabiendas o no, estamos inmersos en una vieja batalla cósmica en busca de la escasa energía espiritual existente. Para los gnósticos se trata de la antigua guerra entre el cuerpo y el alma, el eterno conflicto entre el soma y espíritu. Por suerte nos habita una «chispa divina», un soplo de algo superior que tiende a alejarnos, tan siquiera un poco de la bestialidad, sin elevarnos del todo a la angelidad.

Pero esta cosmogonía mística y filosófica —esta doctrina religiosa de los albores del cristianismo— es tan intrincada que nos alejaría del tema principal. Así que mejor volvamos a nuestra taxonomía de la maldad, a nuestra arqueología de cierta abuelidad maldita, aquí sucintamente inventariada.

Los denominados «escritores malditos» ya existían antes de los clásicos retratados por Paul Verlaine en 1888. Solo que aún no tenían ese calificativo tan llamativo.

Hacia 1308, en la *Divina Comedia*, Dante describe abismos demoniacos. Sin embargo, no es exactamente un maldito, su obra es de transición, está a caballo entre la mentalidad feudal y la renacentista, su propósito es más bien edificante pues revela los horrores que esperan en el Averno a los pecadores, sin contar que el final es venturoso.

El primer abuelo maldito fue el poeta François Villon quien, tras alejarse de los temas medievales, tanto en la forma como en contenido, entró pisando fuerte en la denominada «poesía burguesa» francesa. En 1463 firmó *La balada de los ahorcados* cuyo título ya lo dice todo. La escribió en prisión mientras esperaba su turno para ser ejecutado. Tuvo suerte y le conmutaron la pena por diez años de destierro. Su expediente delictivo es tan profuso como su obra poética: peleas en tabernas, robos, asesinatos, prisiones, destierros... y sin embargo, este gran transgresor fue el primer poeta importante en su país. Aunque parezca mentira, también escribió poemas de amor.

En el poema «de los ahorcados» habla como si ya estuviera estrangulado y lo hace en nombre de sus compañeros de celda. Se ve a sí mismo, y a los demás, ya en el patíbulo, balanceándose y colgado del nudo corredizo.

Su voz de ultratumba aún nos estremece: «Aquí nos ven atados, cinco o seis: en cuanto a la carne, que hemos alimentado en demasía, hace tiempo que está podrida y devorada y los huesos, nosotros, ceniza y polvo nos volvemos».

Más adelante: «La lluvia nos ha limpiado y lavado, y el sol, desecado y ennegrecido; urracas, cuervos, nos han cavado los ojos y arrancado la barba y nuestras cejas».

Su ADN literario tendrá una larga descendencia, como veremos en esta memorabilia.

Aproximadamente en la misma época (circa 1466) el pintor holandés, El Bosco pintaba su tríptico *El*

Jardín de las delicias, cuya tercera tabla se titula *El infierno musical.* En medio de un pandemonio, vemos al diablo —híbrido de insecto con pájaro— sentado en un primitivo retrete dorado comiendo y defecando a los condenados. La escena está plagada de símbolos escatológicos, eróticos, cabalísticos, alquimistas, visiones teológicas y metafísicas. Con este cuadro sucede un poco lo mismo que con la obra de Dante antes comentada, no es del todo una obra ofrendada al Mal, pues con estas imágenes, más que regodearse en la Maldad, genera un mensaje moralizante. Después del Paraíso, con la creación de Adán y Eva, viene el frenesí humano (orgías, libertinaje, placeres carnales) o sea, el «jardín de las delicias» propiamente; y al final se produce el desenlace, que según la cosmovisión católica, será el castigo por tanta lujuria o pecado, es decir, el infierno musical. Casi parece un sermón o un responso con acompañamiento de gaitas. De nuevo El Bosco nos sorprende en *La mesa de los siete pecados capitales.* Me refiero particularmente al detalle del tercer pecado (la soberbia = la vanidad) donde el diablo muestra un espejo a la mujer que se arregla la cofia. En el suelo vemos un cofre con un collar de perlas que pronto se pondrá para coquetear en alguna *kermesse* o en una boda campesina. El diablo rojo con hocico de lobo también lleva una cofia, lo cual hace pensar en el lobo disfrazado de abuela de la Caperucita Roja. Fiel a su costumbre de adelantarse siempre a todo, el Bosco ilustró esa fábula dos siglos antes de que la publicara Charles Perrault. La atmósfera de esta miniatura se torna más luciferina cuando advertimos que el espejo que esgrime el lobo feroz es uno de esos que los franceses llaman sorcier —es decir, «un espejo embrujado»—. Convexo, en forma de ojo de buey, todo lo distorsiona, incluido el rostro que la superficie de azogue le devuelve a la joven vanidosa. El mensaje está claro, Satanás se burla de la muchacha coqueta mostrándole cuán vieja se verá dentro de algunos años. ¿Se quiere un mensaje más cruel? Este pintor —del cual sabemos poco, por no decir nada— es un maldito de tanto abolengo que su genética plástica se ha prolongado por diversas vías hasta el arte y la literatura de nuestros días.

Cuenta la leyenda que en 1521 Martín Lutero le arrojó un tintero a Satanás, quien no dejaba de molestarlo. El hecho sucedió en el castillo de Wartburg, donde durante el siglo xix se mostraba a visitantes y curiosos la mancha de tinta en la pared, pero según parece todo no fue más que una falsificación.

En 1522 el poeta renacentista Pietro Aretino empieza a pegar textos y poemas contra los curas en algunas paredes de Roma. Hijo de un zapatero y una prostituta que fue modelo de grandes pintores, Aretino se enfrentó a la ética medieval. Pronto se dedicó al chantaje, denigrando a príncipes y a papas.

En mi lista es el segundo transgresor, después de Villon. Le apodaban «el azote de los reyes» y los poderosos lo adulaban por temor a su lengua viperina. Se adelantó 373 años a la prensa amarilla, fomentando *avant la lettre* el sensacionalismo y las noticias escandalosas que fijaba en los muros. La gente acudía a las paredes temprano, cada mañana, para leer con quién se estaba metiendo esta vez el virulento Aretino. En sus noticias murales incluía dibujos pornográficos con los que afrentaba a sus víctimas. Injurió a todos sus contemporáneos, menos a Tiziano y a Miguel Ángel, pues su mamá posó para ellos y eran amigos de él.

Aproximadamente en 1523 publicó sus *Sonetos lujuriosos*, inspirados en grabados obscenos. Por su conducta disoluta y sus ataques a Papas y grandes señores, el Vaticano lo expulsó de Roma y vivió su destierro en Venecia.

En su tumba leemos este epitafio:

«Aquí yace Pietro Aretino, poeta toscano, que de todos hablaba mal, salvo de Dios, excusándose diciendo: «no lo conozco».

En una de sus cartas escribió:

«Soy un hombre libre por la gracia de Dios, no un esclavo de los pedantes. No me veréis recorrer las huellas de Petrarca ni de Boccaccio. Me basta mi genio independiente. A otros dejo la obsesión por la pureza del estilo o la profundidad del pensamiento; a otros la locura de torturarse, de transformarse para dejar de ser ellos mismos. Sin maestro, sin arte, sin modelo, sin guía, yo avanzo, y el sudor de mi tinta me da felicidad y renombre. ¿Qué más podría desear si con mi pluma y unas cuartillas me burlo del universo?»

Con Aretino terminó el Renacimiento.

En 1562 el orfebre y escultor Benvenuto Cellini escribe su autobiografía titulada *Vida*. Estas memorias, impecablemente escritas, están plagadas de robos y homicidios, reyertas con espada y cuchillos, contados por él mismo. Fue acusado de cuatro asesinatos y de robar las joyas de la tiara del Papa.

Sus obras como escultor y orfebre son de una belleza extraordinaria. Las más famosas son *Perseo con la cabeza de la medusa,* que está en la Plaza de la Señoría, en Florencia, y el *Salero de oro* para el rey francés Francisco Primero, que se conserva en el Museo de Historia del Arte de Viena.

El hilo de Ariadna en este laberinto del Mal nos lleva a la primera edición del *Fausto* anónimo en 1587, en Frankfurt. Este libro recoge una leyenda oral alemana sobre un erudito que, a cambio del conocimiento infinito y los placeres mundanos, vende su alma al Diablo. Literalmente firma con su sangre un pacto con Satanás.

Melanchthon, el gran reformador religioso, afirmó que conoció en persona al doctor Fausto quien siempre se paseaba con dos perros que eran demonios. Pronto el libro fue traducido a diversos idiomas dando lugar a una secuela de obras maestras que empezó en 1592 cuando el inglés Christopher Marlowe estrenó la obra de teatro *La trágica historia del Doctor Fausto.*

En 1606 William Shakespeare escribe *Macbeth,* que empieza con tres brujas lanzando terribles profecías. El asesinato, la sangre, la magia negra y el Mal se adueñan de la escena isabelina.

En 1667 el inglés John Milton publica su poema narrativo *El Paraíso Perdido.* Fue un éxito inmediato. Este poema trata sobre la caída de Adán y Eva y, por supuesto, aparecen el Maligno y los ángeles caídos. La pregunta esencial de Milton es: ¿por qué siendo Dios tan poderoso y tan bueno permite que el Mal exista cuando sería tan fácil evitarlo?

El humo del diablo había entrado en el palacio de la imaginación anglosajona, incluyendo los aposentos de la ciencia. ¿Qué hacía Sir Isaac Newton estudiando ocultismo hacia 1689? Un matemático tan genial como él era alquimista, descifraba profecías bíblicas, anunciaba el fin del mundo, traducía la Tabla Esmeralda de Hermes...

No fue el único en transgredir las pautas de la ciencia, el naturalista inglés Alfred Russel Wallace (el otro Darwin) fotografiaba fantasmas en sesiones de espiritismo, como nos cuenta otro apasionado de lo sobrenatural: Arthur Conan Doyle, el creador de Sherlock Holmes[2].

La lista sigue. El sueco Emanuel Swedenborg a los 56 años abandonó la ciencia para consagrarse al esoterismo escribiendo *Del cielo, del infierno y sus maravillas* (Londres, 1758). Emerson y Borges le destinaron memorables conferencias, Balzac le dedicó una novela, *Serafita*, y los budistas lo llaman «El Buda del Norte».

En 1693 se celebraron los juicios a las «brujas» de Salem (Massachusetts). El puritanismo y la histeria colectiva cosecharon más de 150 personas detenidas. Rumores de alucinaciones y contactos demoníacos circularon profusamente no sólo en la aldea de Salem sino en otros condados cercanos. Diecinueve de los acusados —14 mujeres y 5 hombres— fueron ahorcados.

En 1726 Daniel Defoe publica la *Historia del Diablo* donde rastrea las huellas y testimonios del Maligno desde los orígenes de la humanidad hasta la época

---

[2] CONAN DOYLE: *Historia del Espiritismo* (1926).

moderna. Haciendo gala de sus vastos conocimientos históricos y literarios, de su erudición bíblica y de su sutil ironía, el autor de *Robinson Crusoe* nos regala la primera biografía de Lucifer minuciosamente documentada.

Por entonces aparecen en Inglaterra los «Poetas del cementerio», cuyo poema más antiguo corresponde a Thomas Parnell con *A Night Piece on Death* (*Pieza nocturna sobre la muerte*) de 1726. Lo de «cementerio» es porque compartían la lúgubre melancolía de meditar y escribir sobre ataúdes, cráneos, gusanos, epitafios... Razón por la cual, aparte de prerrománticos, se les considera también precursores del género gótico.

Esa pasión necrófila la fomentaron poetas como Thomas Warton, Thomas Gray, Robert Blair, William Collins, Edward Young y, sobre todo, James Macpherson quien provocó un terremoto en el mundo de la cultura con sus apócrifos que él atribuyó al bardo gaélico Ossian: equivalente celta de Homero. Fue sin duda un maldito, pues con sus falsas traducciones logró engañar a toda la intelectualidad de su época, incluyendo a Walter Scott, a Goethe, a Lord Byron y hasta al mismísimo Napoleón.

Otro prerromántico y falsificador siguió sus pasos: Thomas Chatterton. Este escritor terminó suicidándose en 1770, en Londres, a la edad de 18 años. Niño prodigio, a los 8 años leía todo el día. Su afán no era alcanzar la calidad literaria de una obra propia, sino conseguir dinero pronto y fácil para sacar de la miseria a su familia. Leyó pergaminos del siglo xv, cuyo lenguaje imitó adjudicando una serie de manuscritos al inexistente monje medieval Thomas Rowley. Engañó a medio mundo, igual que Macpherson. Luego inventó a otros escritores de antaño cuyos textos vendía al mejor postor. Acumuló falsas genealogías, biografías, baladas, sátiras...

Ambos falsarios tenían talento para regalar, es decir, una sagacidad endemoniada para embaucar a las mentes más lúcidas de su tiempo: medievalistas, escritores, editores, traductores, anticuarios, bibliófilos... todos mordían el anzuelo.

En 1729 Jonathan Swift publica su ensayo *Una modesta proposición* donde expone que hay demasiados niños pobres en Irlanda. Los campesinos arrendatarios no podían alimentar a sus hijos porque los propietarios eran inflexibles sobre el arriendo. Para liberarlos de esa pesada carga, este escritor satírico propone a los padres vender sus hijos a los terratenientes ricos para que se los coman.

«En nuestra ciudad de Dublín (...) podemos estar seguros de que carniceros no faltarán; aunque más bien recomiendo comprar los niños vivos y adobarlos mientras aún están tibios del cuchillo, como hacemos para asar los cerdos».

Por supuesto, se trata de un sarcasmo, pero no deja de recordarnos a dioses como el fenicio Baal y el griego Cronos que devoraban niños. Es increíble que el autor del libro *Los viajes de Gulliver* (que de infantil sólo tiene el primer capítulo) hiciera esa propuesta tan atroz, pero hay que tomar en cuenta que Swift era un maestro del humor negro y que —con tal de hacer un chiste o soltar una *boutade* para impresionar o escandalizar a los biempensantes— era capaz de

16

cualquier exabrupto, aun a riesgo de parecer una persona malvada.

El ensayo de Swift sobre los niños comestibles repercutió en otro maestro del humor negro, Thomas De Quincey, quien en 1821 publicó *Confesiones de un inglés comedor de opio*. Para él, más que un simple vicio, consumir opio era el camino hacia visiones oníricas y facultades poéticas superiores. No se trata de un fin en sí mismo, no es caer en una aberración infecunda, sino todo lo contrario: alcanzar alturas insospechadas en la capacidad intelectual y literaria. Seis años después De Quincey lanza otro ensayo aun más transgresivo: *El asesinato considerado como una de las bellas artes* donde se propone elevar el crimen a categoría estética. Si degollamos a alguien, debemos cerciorarnos de que las salpicaduras de sangre formen una bella constelación sobre el suelo o en la pared; la víctima debe tener muchos niños que dependan de él para aumentar la emoción del lector; por otra parte, estrangular a alguien por la espalda con una soga es una vulgaridad carente de dignidad estética. ¡Qué raro que en 1948 Hitchcock haya incumplido esta recomendación en *La Soga*!

La ambigüedad de estas sugerencias es diabólica, ya que nunca sabremos si el autor hablaba en serio o en broma. Sin embargo, el tono equívoco suele ser el ingrediente básico de las obras de arte más trascendentales. Tal vez todo esto del crimen artístico obedezca al proverbial humor británico o al gusto tan inglés por las paradojas. Sea como sea, la esencia de esas turbias directrices fue retomada por G. K. Chesterton en *El Candor del Padre Brown* (1911) excelentemente traducida por el pensador mexicano Alfonso Reyes. Allí Chesterton dice por boca de un personaje: «El criminal es el artista creativo; el detective, sólo el crítico».

Pero no nos adelantemos. Volvamos al siglo XVIII. En 1756 una apacible abuelita, tocada con cofia, llamada Madame Leprince de Beaumont, incluyó en su libro de cuentos infantiles *El almacén de niños* un relato titulado *La Bella y la Bestia* que, para mí, es un cuento de terror adornado con final feliz.

El antecedente histórico de la «bestia» creada por la señora Leprince de Beaumont es la manía lupina —o licantropía— ya presente en *El satiricón*, novela escrita por Petronio en siglo I después de Cristo. Otras fuentes clásicas (Apuleyo, Pausanias, Ovidio, Plinio el Viejo...) se refieren a las metamorfosis y más concretamente a la transformación de seres humanos en lobos, pero la mejor narración sobre esta mutación la encontramos en Petronio, durante el Banquete de Trimalción, donde todos están medio borrachos, incluido el personaje que narra el escalofriante relato.

En los grabados morfológicos del pintor Charles Le Brun (1619-1690) se establecen sorprendentes similitudes entre las fisonomías de algunos animales y las emociones de algunos semblantes humanos. En ese bestiario vemos caras de personas con rasgos semejantes a camellos, vacas, caballos, pájaros y, sobre todo, rostros lobunos, o sea, el lobisón elegantemente dibujado en su fatal transfiguración.

La Bella y la Bestia no es, por tanto, un invento de Disney. En 1946 ese tema saltó a la gran pantalla gracias al poeta francés Jean Cocteau. Otra abuela maldita (Mary Shelley) fue la creadora del abominable *Frankenstein* (1818). ¿Por qué será que son mujeres las que se sienten fascinadas por una bella atraída por un monstruo? ¿Acaso el instinto maternal es una fuerza tan poderosa que incluye la pasión o la ternura incluso por un engendro? ¿Cuál es la fuente más remota de este drama universal? Sin duda, el mito de Galatea y Polifemo, donde el cíclope se enamora de una hermosa nereida. Una fábula minoica nos cuenta que la princesa Pasifae se enamoró de un toro blanco con quien engendró al Minotauro. Otras zoofilias mitológicas evocan a Zeus transformado en toro para raptar a la fenicia Europa o convertido en cisne para copular con la reina Leda… Esta radiante teratología tendrá su correspondencia cinematográfica a partir de 1922 con *Nosferatu*, de Murnau. Los filmes de vampiros seduciendo a las jóvenes más agraciadas se multiplican rápidamente y, aunque todo esto proviene de *Drácula*, ya un cuarto de siglo antes de la famosa obra de Bram Stoker, la bestia adoptaba la forma de una vampira lésbica en *Carmilla*, de Sheridan Le Fanu: novela inspirada en las verídicas atrocidades de la condesa húngara Báthory, quien se bañaba en la sangre de sus víctimas para mantenerse joven. Por cierto, *Carmilla*, llevada al cine por Dreyer en 1932, también influyó en el cine mexicano con *Alucarda* (1978), de Juan López Moctezuma.

Los monstruos siguen pasando de las letras al cine. En la última obra de Shakespeare asistimos al intento de Calibán de violar a Miranda. En *Nuestra señora de París* (1831) Víctor Hugo describe la pasión del jorobado Quasimodo por la gitana Esmeralda, argumento que se renueva —sin tanto talento— en *El fantasma de la Ópera*, novela de Gastón Leroux, y que reaparecerá en la película *King Kong* (1933), además de en múltiples secuelas y *remakes*. ¿Amor o lástima? ¿No será que la compasión es el camino que conduce más rápido y directo al amor? Hay mucho de surrealismo onírico en este bestiario, pero también hay erotismo, como demuestra en otro contexto cultural una xilografía japonesa de Hokusai (1820) donde una pescadora de perlas es poseída por un enorme pulpo voluptuoso. Lo interesante es que ella no opone gran resistencia. No parece luchar. Lánguida, parece dormir, acaso desmayada. Mórbidamente esta pescadora (¿pecadora?) está exactamente en el límite extremo entre el dolor y el placer, entre el amor y la muerte.

En estos avatares libidinosos no puede faltar la película *Freaks* (Tod Browning, 1932) donde el diminuto Hans se enamora de la trapecista Cleopatra, quien se dejará querer por el enano sólo para quedarse con su fortuna. Otro filme con bella y bestia es *El hombre lobo* (George Waggner, 1941) protagonizada por Lon Chaney Jr. En *El monstruo de la laguna negra* (Jack Arnold, 1954) una criatura anfibia se encapricha con la joven Kay (Julie Adams). La relación erótica del enorme batracio con la joven nadadora es un clásico injustamente olvidado, aunque recientemente ha tenido *remakes* más o menos disimulados. «Es una pena que acabe así el monstruo», dice Marilyn Monroe en *La comezón del sépti-*

mo año (Billy Wilder, 1955), poco antes de que una ráfaga de aire expulsada por la rejilla del metro le levante la falda. Entonces Tom Ewell comenta: «¿Y qué quería usted, que el monstruo se casara con la chica?». Ella explica: «daba la impresión de que es malo, pero en el fondo no es tan malo. Le faltaba un poco de afecto, es decir, saberse amado, deseado, necesitado». Aquí Marilyn da de lleno en el clavo: sublimación del instinto maternal desplazado hacia el amor al monstruo.

Pareciera que esta genealogía de monstruos quiere redimirse a través del amor. Pero el denominador común de estas historias —salvo excepciones que confirman la regla— es el amor imposible o frustrado. Por ejemplo, en *La novia de Frankenstein*, (James Whale, 1935) Elsa Lanchester grita cuando Karloff le acaricia la mano. El feo asusta a la fea en un eficaz golpe de humor negro. Claro que ella será siempre menos fea que él, a pesar de sus cicatrices y de su gótica cabellera electrizada.

En *El hombre elefante*, (David Lynch, 1980), una actriz visita al hombre de cabeza deformada, lo besa y le dice: «usted no es el hombre elefante, usted es Romeo». Lo mismo ocurre cuando Kim se enamora de *El joven manos de tijera* (Tim Burton, 1990). En *El gabinete del Doctor Caligari* (Robert Wiene, 1919), el sonámbulo Cesare está a punto de matar a la joven que duerme, pero cuando descubre su belleza, suelta el cuchillo y decide que es mejor raptarla.

¿Quién es el monstruo en *El ángel azul,* de Josef von Sternberg? ¿La cantante (Dietrich) o el adiposo Profesor Basura? En *La mosca* (tanto en la original de

1958 como en el *remake* de 1986) dos bellas —esposa y novia respectivamente— están abrumadas porque el hombre al que aman se ha convertido en un insecto tecnológico. En la película sueca *Déjame entrar* (Tomas Alfredson, 2008) la bestia es una niña deliciosamente atroz.

Asi, pues, la abuela maldita Leprince de Beaumont generó una saga de bellas enamoradas de bestias, que llega hasta nuestros días, tanto en letras, como en dibujos animados, cine, etc...

Volvamos al siglo XVIII. En 1748 vio la luz en Inglaterra *Fanny Hill*, de John Cleland, quien fue a parar a la cárcel junto con sus editores. Esta novela erótica narrada por una joven prostituta de provincias muestra sin pudor el placer, por lo cual estuvo prohibida 221 años.

En 1712 el poeta inglés Alexander Pope (1688-1744) publica su mejor poema «El rizo robado». Eso del rizo que le cortan a una dama se convierte en una parodia de Homero y de Virgilio, a veces jocosa, a veces erótica, como cuando el autor mezcla la descripción del escudo de Aquiles con las enaguas de Belinda. Pero Pope en realidad era un hombre amargado, muy pendenciero, que agredía a los demás escritores, no sólo de palabra sino también físicamente.

Pope no estaba solo en estas andanzas, su amigo Jonathan Swift (a quien ya me referí) lo acompañaba. Pope y Swift escribieron durante años desdeñosas críticas contra quienes consideraban los peores escritores del momento, y en 1727 empezaron una serie de parodias de aquellos autores. Esa conducta era maldita siguiendo la tradición de Aretino.

A su vez, los agraviados insultaban a Swift y a Pope. En 1728 Pope se burló de ellos con una de sus obras más famosas: *La Dunciada*, una sátira que celebra la estupidez. Más tarde dilataría la obra a cuatro volúmenes, el último de los cuales apareció en 1743. En 1734 terminó su *Ensayo sobre el hombre*. Sus últimas obras, *Imitaciones de Horacio* (1733-1739), fueron ataques a los enemigos políticos de sus amigos.

Otro británico maldito es el aristócrata Horace Walpole quien publicó, en 1764, *El castillo de Otranto*, considerada la primera novela gótica. El término «gótico» alude a relatos tenebrosos que tienen lugar en criptas o en catacumbas, en catedrales o en oscuros ambientes ojivales: parajes habituales de la maldad.

Actualmente el valor de la novela de Walpole es más arqueológico que literario ya que su lenguaje envejeció y los argumentos parecen traídos por los pelos. Es una historia que no logra asustar al lector de nuestros días aunque merece ser conocida para entender el origen del género gótico o de terror. Un episodio al menos es inolvidable: del cielo cae un gigantesco yelmo que aplasta a un personaje matándolo súbitamente.

De pronto, en 1777, se destapa un Mozart imprevisiblemente vulgar. ¡Quién lo iba a decir! El exquisito y elegante compositor le escribe a una prima esta carta escatológica:

«Te deseo buenas noches, pero primero cágate en la cama y hazla reventar. Duerme sonoramente, mi amor, en la boca tu culo meterás». Y no es la única carta suya con ese sentido del humor que algunos han calificado de «pueril». Nada de eso, p ues Mozart tenía 21 años de edad cuando le escribió a su prima. Las obsesiones anales del genio también pasaron a algunas de sus composiciones, por ejemplo el canon *Difficile Lectu* donde, mezclando palabras latinas con alemán, llega a decir: «bésame el culo». Muchas personas horrorizadas se negaron a creer que semejantes groserías hubieran salido de la mente del gran pianista austriaco, por ejemplo, la primera ministra Margaret Thatcher.

¡Qué insondables son los abismos del alma humana¡

En 1782 sale a la venta *Las amistades peligrosas*, novela de Pierre Choderlos de Laclos que explora el maquiavelismo amoroso, la perversión y la seducción entre miembros de la aristocracia francesa. Libertinos y víctimas virtuosas desfilan por las páginas de este libro que es un preludio del marqués de Sade, quien publicará *Justine o los infortunios de la virtud* en 1791, una de sus obras más licenciosas junto con *Juliette o las prosperidades del vicio* (1801).

El escándalo moral suscitado por estos y otros relatos, así como su vida tumultuosa, le costaron prisión a Sade en varios castillos y en hospitales psiquiátricos donde llegó a montar obras de teatro con los locos. Sade fue calificado: «Autor infame de novelas detestables», y Napoleón lanzó *Justine* al fuego de su chimenea diciendo que era: «un libro abominable».

Su obra está llena de flagelaciones a mujeres indefensas, crueldades, vejaciones, orgías, suplicios, incestos, antropofagia... De su nombre nacieron palabras aún vigentes como «sadismo» y «sádico».

Un día antes de la Toma de la Bastilla, donde estaba preso, se asomó a la ventana de su celda y usando el tubo de defecar a modo de altavoz, gritó a los que pasaban por la calle: «!nos están degollando, aquí hay muchos muertos!» (lo cual era falso).

Más allá de las causas económicas y sociales acumuladas para el estallido de ese momento histórico, algunas veces me he preguntado ¿si no habrá sido ese mensaje gritado por la ventana de un calabozo el detonante de la revolución francesa? Un escritor depravado arengando a las masas veinticuatro horas antes de la revolución revela las conexiones secretas entre sexo y poder. Un libertino en el vórtice del huracán subversivo es un pájaro de mal agüero: pronto rodarán muchas cabezas al pie de la guillotina y se implantará el Reinado del Terror. La venganza clasista es otra forma de lascivia. Algunas revoluciones son más o menos pornográficas, porque suelen excitar a las muchedumbres en una orgía de sangre trascendental. Esa hemorragia es la mueca de la historia coagulada en un rictus amargo.

En todos los escritos de Sade triunfa el vicio sobre la virtud. Repudiado por sus contemporáneos, sus libros circularon clandestinamente durante el siglo XIX, a pesar de lo cual su influencia llegó hasta Dostoyevski y Baudelaire. A principios del siglo XX el poeta Guillaume Apollinaire y los surrealistas rescataron su memoria.

La figura de Sade es tan intensa que le he dedicado dos apéndices al final de este ensayo.

Volvamos a nuestra memorabilia, en 1781 la neblina del Mal se instala en los caballetes cuando el artista suizo Henry Fuseli pinta *La pesadilla*, donde vemos a un íncubo encima de una mujer desmayada mientras una yegua ciega asoma la cabeza a través de un cortinaje. Ya Borges —citando a Shakespeare— nos enseñó que *nightmare* en inglés significa al mismo tiempo «pesadilla» y «yegua de la noche».

El relincho atroz de esa yegua llega hasta William Blake. Este poeta y pintor inglés escribió en 1793 su obra más transgresora: *El matrimonio del cielo y el infierno*. En alguna parte de ese libro afirma: «El camino del exceso lleva al palacio de la sabiduría». También dice: «El tonto no entrará en el cielo por santo que sea».

Sus visiones fantásticas lo convirtieron en un místico al revés, lo cual se refleja tanto en sus versos como en sus ilustraciones. El magnético simbolismo de pinturas como *El dragón rojo, El fantasma de una pulga, Nabucodonosor y El diablo cubre de pústulas a Job* revelan la presencia del Mal —o del Demiurgo gnóstico— algo que también advertimos en su poema *El Tigre*:

«Tigre, tigre, que te enciendes en luz, por los bosques de la noche ¿qué mano inmortal, qué ojo osó idear tu terrible simetría?»

Entre la yegua ciega y esa feroz simetría discurre el alucinante efluvio inglés que influyó en Goya cuando trazó en 1819 las *Pinturas Negras* en las paredes de su casa llamada la «Quinta del sordo». Son imágenes terroríficas, sórdidas, de brujería, aquelarres y violencia. Goya en ese momento estaba sordo y acosado por la Inquisición. Es lógico que pintara en la intimidad de su casa, pues eran temas tabúes que no convenía mostrar en público.

Poco antes, en 1796, el novelista inglés Matthew Lewis concluyó *El Monje*, novela gótica sobre esa misma inquisición que desató la leyenda negra contra España. El anti-papismo que destila la obra forma parte del ambiente de rivalidad entre las potencias, en particular, el odio antiespañol imperante en Gran Bretaña. Aquí por primera vez aparece un sacerdote como villano, algo que después veremos en *Nuestra Señora de París*, de Víctor Hugo. En *El Monje* se despliega toda la parafernalia de la literatura gótica: pactos demoníacos, el judío errante, castillos ruinosos…

En 1797 Johann Wolfgang von Goethe escribió *La novia de Corinto*, un poema sobre una joven vampira. Fue el primero en abordar el tema de la muerta que sale de la tumba para regresar al pie de la cama de su amado. Paganismo y cristianismo enfrentados en los versos del más grande escritor alemán de todos los tiempos.

El poema se inspira en una antigua leyenda griega, y también el escritor inglés

John Keats recurrió a ese argumento para su poema *Lamia* (1819) y, por supuesto, Edgar Allan Poe bebió de la misma fuente para su tétrico cuento *Ligeia* (1838).

Este asunto tan dionisíaco de la diablesa en la poesía clásica, está presente en Rilke, cuando dice «Pues la belleza no es nada sino el principio de lo terrible, lo que somos apenas capaces de soportar, lo que sólo admiramos porque serenamente desdeña destrozarnos. Todo ángel es terrible». (*Elegías de Duino*, 1923)

Ese ángel que evoca es obviamente femenino. Pero antes, de nuevo en Goethe, aparece esa fuerza terrible que seduce y asusta al mismo tiempo.

Dice Goethe: «Devotos somos los amantes, rendimos tácito culto a todo demonio, pretendemos que nos sea propicio cada dios, cada diosa.»

En sus *Elegías romanas*, afirma: «Pues dos amantes son ellos solos todo un pueblo reunido»,

En la Elegia 21, censurada en algún momento, dice:

«Nos divierten las alegrías del auténtico amor desnudo y el sonido chirriante, armonioso, de la cama que traquetea».

En el poema XXIV leemos: «Por eso también a ti te ha de rebosar desde el centro medio pie de largo la espléndida verga cuando a la amada le ofrezcas, y no ha de cansarte el miembro hasta que de las doce posturas que Fileno con arte ideó disfrutéis.»

El falo ha sido sacralizado y venerado en todas las culturas, desde el Paleolítico hasta Roma pasando por Egipto, Grecia, etc. Tenemos dioses del vino y de la fertilidad como Baco y Príapo, no olvidemos a Isis reconstruyendo el pene gigantesco de su hermano Osiris, tenemos al andrógino de Sócrates y un largo etcétera. Lo del pene sagrado llega hasta Da Vinci cuando dice que «Éste consulta a la inteligencia y a veces tiene inteligencia propia, y aunque la voluntad del hombre desee estimularlo, se muestra obstinado y sigue su propio curso, y a veces se mueve solo, sin permiso y sin que lo piense el hombre, tanto si está dormido como despierto, hace lo que desea. A menudo, el hombre duerme y él está despierto, y muchas veces el hombre está despierto y él duerme. Muchas veces el hombre desea actuar y él no quiere: muchas veces él quiere y el hombre se lo prohíbe. Por lo tanto, parece que esta criatura tiene a menudo una vida inteligente aparte del hombre y podría parecer que el hombre se equivoca cuando se avergüenza de darle nombre o mostrarlo, buscando constantemente cubrir y ocultar lo que debería engalanar y exhibir ceremoniosamente como a quien sirve». Leonardo da Vinci *en «Cuaderno de notas»*

Da Vinci dedicó varios dibujos —científicos algunos, traviesos otros— al órgano sexual masculino. Su mejor obra plástica de sugerencias fálicas es «Santa Ana con la virgen y el niño» donde aparece insinuado un buitre, y el niño recibe directamente en su boca algo que según eruditos y psicoanalistas pudiera ser el pecho o una forma de falo femenino. Se ha dicho mucho que el falo de la mujer castrado es el clítoris, sin embargo parece ganar la hipótesis de un falo fantasmático mayor en la mujer, que sería el pecho. Cuando introduce el pezón en la boca del niño —según estos exploradores del inconsciente femenino— sería como si introdujera un falo en su hijo. Eso sintió y soñó Da Vinci.

En 1910 Freud escribió *Un recuerdo infantil de Leonardo Da Vinci*. En la obra desempeña un papel fundamental el recuerdo o fantasía de infancia de Leonardo de haber sido visitado en su cuna por un ave rapaz introduciéndole la cola en su boca. Al principio pensó que era un milano, más tarde se supo que era un buitre, tal como aparece en el cuaderno de anotaciones de Leonardo.

Se han realizado diversas interpretaciones: narcisismo, homosexualidad, mujer con ansias de poseer un falo enmascarado en el seno y en la lactancia, etc, etc...

La interpretación surge del manto de la virgen y en su brazo izquierdo que se extiende para alcanzar a la criatura, apuntando directamente a la boca del niño Jesús. Esta sería la cola del buitre cuya cabeza echada hacia atrás estaría en el costado opuesto, o sea, en la cadera derecha de la virgen. Es una especie de ilusión óptica, si queremos verlo así.

La idea de fondo es explosiva: la madre castrada, desdeñada sexualmente por el esposo, ve en el niño un objeto de deseo, y al introducir el pezón en su boca, siente que lo obliga a una felación, y el niño (en este caso Leonardo) disfruta con ese objeto chupado y con la leche que recibe en la boca.

Leonardo es un abuelo maldito. Paradójicamente o no, al mismo tiempo es el genio absoluto del Renacimiento.

El ineludible asunto del pene erecto como objeto de veneración también aparece en el *Fausto* de Goethe cuando Mefistófeles le entrega al sabio una llave fálica para que la exhiba ante las cien madres.

FAUSTO. —¡Qué insignificancia!

MEFISTÓFELES. —Acéptala y no quieras despreciarla.

FAUSTO. —¡Crece en mi mano!

MEFISTÓFELES. —¿Notas ya cuánto tienes al tenerla? La llave indicará el camino justo; baja tras ellas: irás hasta las Madres.

FAUSTO. (*estremecido*) —¡Las Madres!»

Poco después Fausto agitará esa llave-pene ante las madres, se insinúa aquí un incesto y la masturbación del doctor ante las madres, sus madres.

El diablo manda al viejo sabio directamente al encuentro incestuoso con los ancestros femeninos, diosas-madres, hechiceras, gárgolas, esfinges, arpías, etc... Se ha especulado incluso con el palo de escoba de las brujas, transfiriéndolo imaginariamente a un pene frío y rígido, como el de Satanás durante los aquelarres medievales. Un pene que vuela y sobre el cual vuelan cabalgando las brujas. Goya pintó justamente eso en su grabado «Linda maestra».

Todo esto tiene mucho que ver con el Romanticismo, un movimiento que en su ardiente fantasía, incluía algunos rasgos morbosos, por ejemplo, la seducción de la muerte. Recordemos a los prerrománticos denominados los «Poetas de Cementerio». A su vez, el Romanticismo produjo el *humus* de donde brotaría, ya en el siglo xx, el imponente árbol del Surrealismo cuajado de creadores malditos.

Para definir las concomitancias entre lo romántico y lo surrealista nada mejor que recurrir a las categorías éticas y estéticas examinadas por Nietzsche en *El origen de la tragedia* (1872). Dos grandes fuerzas opuestas gobiernan la historia del arte y la literatura: lo dionisíaco y lo apolíneo. Ambas se van sucediendo en determinados momentos históricos. Tan pronto aparece en todo su esplendor lo apolíneo como surge o se impone su contrario, es decir, lo dionisíaco.

Tanto el Romanticismo como el Surrealismo son «dionisíacos», pues se oponen a lo «apolíneo», que es el orden, la armonía, lo luminoso, lo racional, lo clásico. Los Beatles son apolíneos mientras que los Rolling Stones son dionisíacos. No en vano éstos últimos se llaman «Sus Satánicas Majestades».

La pasión dionisiaca siempre exalta las fuerzas más impetuosas del ser humano: la libertad individual, la rebeldía, lo exótico, lo extravagante, todo lo cual define en gran medida a la novela gótica y al relato de terror. Esos arrebatos entrañan algo luciferino, son visiones perturbadoras. Dicho de otro modo, con el Romanticismo —tanto el alemán como el inglés— el Mal se afianzó en la literatura universal hasta adquirir carta de naturaleza. Eso se verificó en 1799 con la *Balada del viejo marinero*, de Samuel Taylor Coleridge. El poema es una pesadilla que gira en torno a una superstición: se consideraba de mal agüero matar a un albatros. Un marinero mata con su ballesta a una de estas aves marinas y cae la maldición sobre toda la tripulación.

«El timonel tenía agarrada la rueda y el barco se movía, se movía sin que una sola brisa lo moviera. Cada marino en su puesto intentaba tensar los cabos, y no tenía fuerzas: ¡éramos una tripulación difunta, cadavérica!»

Retomemos a Goethe con su *Fausto* (1790): una obra trágica más pensada para ser leída que para ser representada. Inspirada en la leyenda alemana del erudito que vendió su alma al Diablo, es difícil no identificar al autor con el mismísimo Fausto, como si fuera su álter ego: un doctor siempre explorando los misterios del universo, desde el arte hasta la ciencia. Aparte de literato, Goethe se interesó por otras ramas del conocimiento como la geología, la química, la medicina…

Ese afán fáustico satura la obra maestra de Goethe, quien ya había tenido sus galanteos de ultratumba con *La Novia de Corinto* (1797). Tal vez esos coqueteos con el Mal lo empujaron a cometer una subversión necrofílica cuando en 1826 se robó el cráneo de su amigo, el poeta Schiller, para examinarlo minuciosamente. Quería averiguar cómo pudieron caber tantas ideas brillantes en esa calavera que custodió en su estudio durante un año dentro de una urna de cristal.

Manuscrito encontrado en Zaragoza (1804), del novelista polaco Jan Potocki, es probablemente la novela gótica más plagiada donde se entremezclan, como en un tapiz, hechos fantásticos con personajes desconcertantes: ladrones, ahorcados, gitanos, princesas moras, endemoniados, inquisidores, cabalistas, el Judío Errante y dos hermanas lesbianas. Por cierto, en este tema sáfico Potocki se adelantó 90 años a *Las canciones de Bilitis* (1894) de Pierre Louÿs, cuya obra más desconcertante es *Las tres hijas de su madre,* pues como revela el título narra la iniciación sexual de tres hijas por parte de su propia madre.

Entre 1812 y 1815 los Hermanos Grimm publican sus *Cuentos de Hadas* que contienen pinceladas de crueldad como Hansel y Gretel en la casa de chocolate donde vive la bruja que se los quiere comer. Aquí reaparece la antropofagia infantil, como en los antiguos sacrificios al Dios Baal, en el mito de Cronos y en la sátira de Swift de 1729. En cualquiera de las diversas versiones —tanto orales como escritas— de *Caperucita Roja* asistimos a un canibalismo similar: el lobo se come a la abuela… y se disfraza como ella. ¿Otra abuela maldita?

En 1814 sale a la luz *La asombrosa historia de Peter Schlemihl*, una novela del escritor alemán Adelbert von Chamisso donde un hombre le vende su sombra al Diablo. Obviamente, una variación del personaje de *Fausto*. La contribución es la sombra como nuestra eterna copia oscura o negativa, gran hallazgo.

En esta exploración del lado oscuro de las letras no podía faltar el año 1816, el famoso año sin verano. La erupción de un volcán llamado Tambora en Indonesia provocó un drástico cambio en el clima del norte de Europa y en el sur de China. Nevó en el sur de México y en Guatemala. El país europeo que más sufrió la anomalía climática fue Suiza, y allí, cerca del lago de Ginebra, el más brillante de los románticos ingleses, Lord Byron, había alquilado una casa adonde invitó a un grupo de amistades.

No se veía el sol, y el autor de *El corsario* y de *Don Juan* contempló el cielo encapotado durante tres días. La noche del 16 de junio estalló una tormenta. Llovía tanto que no podían salir de la mansión, así que, ante ese panorama tan lúgubre, el poeta sugirió a sus amigos que escribieran cuentos de fantasmas.

Byron escribió *El entierro*. John William Polidori —su médico de cabecera— firmó *El Vampiro*, que, para muchos, marca el inicio el tema vampírico olvidando que *La novia de Corinto*, de Goethe, es anterior. Otro contertulio, el poeta Percy Shelley, empezó un cuento de terror que no terminó mientras que su esposa, Mary Shelley, sufrió una serie de pesadillas que la hicieron escribir *Frankenstein* publicada dos años después.

Esa novela contiene dos dilemas esenciales del Mal: la rebelión del monstruo contra su Creador —que remite a Lucifer sublevándose contra Dios ya presente en Milton— y el científico fáustico jugando a ser Dios, creando vida a partir de pedazos de cadáveres remendados y aprovechando la energía de los relámpagos. El libro tuvo un éxito extraordinario en el cine a partir de 1931 con las interpretaciones de Boris Karloff. Este clásico del terror surgió del cráter de un volcán. Unos ríos de lava humeante en una remota isla de Indonesia modificaron para siempre el mapa de la literatura gótica en Europa. Es como si el mismísimo Satanás, oculto en uno de sus ígneos subterráneos, así lo hubiera decidido. Las más oscuras fuerzas telúricas provocaron aquel invierno volcánico trastocándolo todo para que tuvieran lugar esas veladas en Suiza, y de allí naciera una de las obras más aterradoras de la cartografía mental humana.

En cuanto a Lord Byron, anfitrión de aquellas tertulias tan tempestuosa, algo de diabólico tenía. Nació con un pie hendido, como la pata de cabra que el imaginario católico atribuye a Satanás a partir de las pezuñas del dios pagano Pan y los sátiros. Superó la cojera disimulándola con elegancia, llegó a ser el primer gran nadador de los tiempos modernos y su temperamento aventurero lo empujó a combatir a favor de Grecia contra el Imperio Otomano. Era tan excéntrico que en el *Trinity College de Cambridge,* donde estaban prohibidas las mascotas, llegó a pasearse con un mono y metió un oso amaestrado en la residencia estudiantil. Bebía y brindaba en una copa tallada en un cráneo humano, tal vez evocando a Hamlet. Su cadáver fue conservado y trasladado desde Grecia hasta Inglaterra en un tonel de coñac. En la abadía de Westminster no permitieron su entierro a causa de su «dudosa moralidad».

En 1817 el alemán E.T.A. Hoffmann publica su cuento más célebre: *El hombre de arena*. En su estilo llamado «romanticismo negro» o «Terror gótico» figura también la novela *Los elíxires del Diablo* (1815) donde aparece por primera vez el doble fantasmal (*Doppelgänger*). Bajo la influencia de *El Monje*, Hoffmann profundiza en las complejidades psicológicas, principalmente en el desdoblamiento de la personalidad. Chaikovski convirtió su cuento *Cascanueces* en un ballet y lo mismo hizo Léo Delibes para concebir su *Coppelia*. La siniestra imaginación de E.T.A. Hoffmann influyó poderosamente en Edgar Allan Poe, en Víctor Hugo y en algunas obras iniciales de Dostoyevski.

En 1820 el irlandés Charles Maturin publica la novela «*Melmoth el errabundo*: una historia genial inspirada en la leyenda del Judío Errante, donde abunda lo gótico: sombrías criptas, brujería, cábala, pactos satánicos, el gusto romántico por lo exótico, y un enigmático protagonista que es byroniano y fáustico a la vez.

Estilísticamente la estructura del largo relato encierra cinco historias dentro de una sexta, como las muñecas rusas matrioskas. Ésta es, para mí, la obra cumbre del género de terror.

El norteamericano Washington Irving escribió en 1820 *La leyenda del jinete sin cabeza*. Su lenguaje y el andamiaje narrativo han envejecido, pero la historia de ese diabólico espíritu galopando en busca de su cabeza ha tenido mucho éxito en diversas versiones para la gran pantalla.

En 1831 Víctor Hugo escribió *Nuestra señora de París*, famosa por sus diversas adaptaciones cinematográficas. La narración tiene por escenario la catedral gótica parisina que presta su nombre a la novela. El templo, con sus gárgolas vigilantes desde los campanarios, y la «Corte de los Milagros», guarida de mendigos, ladrones y prostitutas, proporcionan una atmósfera tan verosímil que nos transporta a la Edad Media. Personajes inmortales como la gitana Esmeralda, el archidiácono Claude Frollo y el jorobado sordo Quasimodo, han contribuido a eternizar esta obra romántica.

¡Y entonces irrumpe el inmenso Edgar Allan Poe! En 1833 publica *Manuscrito hallado en una botella*, relato con el tema del buque fantasma. Inspirado en la leyenda del holandés errante, esta ficción se propone helar la sangre del lector, rodearlo de una atmósfera escalofriante.

Poe siguió acumulando títulos perturbadores como *El corazón delator, El gato negro, El barril de amontillado, El pozo y el péndulo, La caída de la casa Usher…*

Su única novela es *Narración de Arthur Gordon Pym* (1838). De nuevo en el mar, allí nos esperan la violencia, cadáveres putrefactos, canibalismo… La sombra del Mal también planea sobre su producción poética: *El cuervo* (1845). Con *Los crímenes de la calle Morgue* inauguró el subgénero detectivesco sin dejar de incluir el terror. Como dijo Paul Valéry: «Poe hizo la síntesis de los vértigos». Su influencia llegó hasta el simbolismo francés y el surrealismo, impactó en la literatura victoriana de fantasmas y en escritores de la talla de Baudelaire, Mallarmé, Kafka, Jorge Luis Borges, Julio Cortázar... de hecho, fue este último quien me enseñó a admirarlo en profundidad.

En 1839 el francés Pétrus Borel da a conocer su novela *Madame Putifar*. Antes vivió en tal miseria que se vio obligado a comerse a su perro. En su poema *Miseria* relata su hambre atroz. A partir de entonces se autodenominó «El licántropo», lo cual ya lo estigmatiza como un escritor maldito. Su romanticismo, más que oscuro, era tenebroso. Combatió a la monarquía francesa y fue ninguneado por los críticos de su época. Los surrealistas lo reconocieron más tarde como uno de ellos. Paul Éluard lo situó entre el Marqués de Sade y el Conde de Lautréamont.

Otro autor injustamente olvidado es el francés Aloysius Bertrand, ¡nada menos que el padre del poema en prosa! En 1842 se publica póstumamente su único libro: *Gaspar de la noche*. El subtítulo *Fantasías al modo de Rembrandt y Callot* revela dos de sus fuentes pictóricas. Sus subyugantes metáforas con sabor medieval y perfume gótico fascinaron a Baudelaire y a Mallarmé, quienes rescataron del olvido esta joya literaria. Ya desde el inicio aparece sutilmente la figura del Diablo. Inspirado en estas maravillosas páginas, el compositor Maurice Ravel compuso su obra maestra homónima para piano en 1908.

Entre 1839 y 1844 tuvo lugar otra erupción infernal, esta vez el volcán no estalló en Tambora, sino en París, donde una pléyade de talentos se daba cita en el Club del Hachís. En esas tertulias se consumía hachís en memoria de Thomas de Quincey, el autor de *Confesiones de un inglés comedor de opio* (1821). Las experiencias con el estupefaciente ocurrieron en el «hotel» Lauzun, donde tenían apartamentos rentados Charles Baudelaire y Théophile Gautier, autor de *La muerta enamorada* (1836): un clásico del horror con el tema de una seductora vampira, trama que ya vimos en Goethe.

Aparte de Baudelaire y Gautier, se reunían allí Eugène Delacroix, Gérard de Nerval, Jaques-Joseph Moreau (el médico que trajo de Egipto el hachís), Víctor Hugo, Alexandre Dumas, Honoré de Balzac y Madame Sabatier (modelo profesional, musa de Baudelaire).

Este grupo tenía conocimientos esotéricos y buscaban otra vida, o experiencias místicas, a través de la droga. Vestían con túnicas y turbantes, empuñaban dagas egipcias. La ceremonia la presidía el «Príncipe de los Asesinos», quien iba de miembro en miembro con una cuchara llena de hachís que los participantes inhalaban.

Lo de «asesinos» tiene que ver con la etimología de esa palabra que en árabe significa «adicto al hachís». La historia se remonta al Viejo de la Montaña que lideraba una secta musulmana en el siglo XI, quienes se hacían llamar «*Hashsh Ashin*» (los que consumen hachís). Esa frase en inglés derivó en «*assassin*» (asesino), sobre todo porque los drogados seguidores del Viejo de la Montaña eran muy temidos por los cristianos ya que los asesinaban a puñaladas a plena luz del día para ejemplarizar o aterrorizar.

En 1841 Charles Baudelaire escribe *El albatros* influido por la *Balada del Viejo Marinero*, de Coleridge. En su poema reaparece la tormenta, la crueldad de los grumetes y el ave con su aura de pesimismo: «Sus alas de gigante le impiden marchar», dice Baudelaire autorretratándose.

El Mal asoma también en su poema *Correspondencias*, cuando Baudelaire dice: «Hay perfumes frescos como carnes de niños». Aquí, entre sinestesias, conectamos de nuevo con el reiterado tema de la antropofagia infantil. Eso de comer niños —o soñar con hacerlo— adopta trazas de maléfico impulso poético en algunos de estos escritores y hasta en artistas plásticos como veremos más abajo.

El padre de Baudelaire falleció cuando él tenía 7 años y odiará eternamente a su padrastro: un militar de alta jerarquía. Debido a su adicción a las drogas y a los prostíbulos, el poeta tendrá peleas con el militar y con su madre: una rígida puritana.

Para contrariar más a sus mayores, convive con una prostituta judía del Barrio Latino, a la que llama «la bizca». Ella le contagió la sífilis que lo llevó a la tumba. Él le consagró estos versos:

«Una noche en que estaba con una horrible Judía, como un cadáver tendido junto a otro, pensaba, al lado de aquel cuerpo vendido, en esta triste belleza de la cual mi deseo se priva».

Tras publicar *Las flores del Mal* (1857), Baudelaire enfrentó un juicio por atentado contra la moral. Algunos poemas censurados no vieron la luz sino hasta 1949, o sea, 92 años después de escritos. Se trata de *Las joyas, Lesbos, El Leteo, A la que es demasiado alegre, Mujeres condenadas* y *Las metamorfosis del vampiro.* Baudelaire respondió a sus jueces:

«Todos los imbéciles de la burguesía que pronuncian las palabras inmoralidad, moralidad en el arte y demás tonterías me recuerdan a Louise Villedieu, una puta de a cinco francos, que una vez me acompañó al Louvre donde ella nunca había estado y empezó a sonrojarse y a taparse la cara. Tirándome a cada momento de la manga, me preguntaba ante las estatuas y cuadros inmortales cómo podían exhibirse públicamente semejantes indecencias».

En su obra *Spleen de París* brilla una gema de inquietante belleza: *El juguete del pobre*, donde un niño rico se siente atraído por el niño desharrapado que le muestra un ratón vivo enjaulado al que sacude y hostiga. Otro de sus poemas cuyo título lo dice todo: *Letanías de Satán.*

Los paraísos artificiales son ensayos sobre el vino y el opio con referencias a De Quincey. Toda la obra y la vida de Charles Baudelaire son un homenaje al Mal en el sentido más amplio y poético del término.

En 1851 el estadounidense Herman Melville da a conocer su obra cumbre: *Moby Dick* donde la ballena blanca encarna una metáfora del Mal, al igual que el capitán Ahab que la persigue vengativamente. Un clásico del horror oceánico con la singularidad de que incluye un fragmento erudito sobre distintos tipos de ballenas, toda una novedad estilística al mezclar el género del ensayo con formas narrativas.

Ese mismo año Nathaniel Hawthorne publica *La casa de los siete tejados*. Después de *La caída de la casa Usher* (Poe, 1839), es la segunda historia sobre una casa embrujada ambientada a finales del siglo XVII, nada menos que en Salem, Massachusetts.

En esas dos ficciones se potencia la vertiente de la Arquitectura del Mal, que se prolongará más allá de la nostalgia feudal, desde la mansión de estilo gótico sureño que se levanta detrás del motel en *Psicosis* (Hitchcock, 1960) hasta el lúgubre edificio Dakota en Nueva York, contaminando otras edificaciones del siglo XX y multiplicando las películas sobre casas hechizadas.

El contagio llegará hasta la «arquitectura del poder», como se ve en los monumentales edificios de Hitler, Mussolini, Stalin, Mao, incluso, en algunas explanadas, ministerios y parlamentos de países supuestamente democráticos. Las construcciones son tan ciclópeas que el individuo se siente aplastado nada más acercarse a ellas. La deshumanización de esos espacios grisáceos es la huella material del Mal, la sintaxis arquitectónica de Lucifer, que se hace más palpable en el panóptico que estudió el filósofo Michel Foucault en su obra *Vigilar y castigar* (1975)

Existe en Norteamérica también una literatura gótica sureña: William Faulkner (*El ruido y la furia,* 1929), Carson Mc Cullers (*Reflejos en un ojo dorado,* 1941), Tennessee Williams, (*Un tranvía llamado deseo* 1947), Harper Lee *(Matar a un ruiseñor,* 1960),

El sueño americano (el del norte industrial) no funcionó del todo en el sur (antes feudalista o esclavista). Ese sueño frustrado se vuelve pesadilla, y eso describen estos escritores a través de personajes grotescos, el tema del racismo y ciertos elementos sobrenaturales, como el vudú llevado por los esclavos africanos al sur de EEUU).

Volviendo a Europa en 1855 aparece la novela *Aurelia,* del francés Gérard de Nerval. *Aurelia* es el retrato íntimo de la locura, del amor perdido y del sueño. Considerada como precursora del Surrealismo, también lo era el poeta por sus extravagancias, por ejemplo pasearse por París con una langosta colgada del cuello, como si fuera una mascota.

Muy pobre y profundamente deprimido, se ahorcó en 1855 con una media blanca que, según decía, había pertenecido a la Reina de Saba. Su suicidio tiene algo de proeza artística. Amaneció colgando de una farola en la sórdida calle *Vieilli Lanterne.* Al enterarse, Baudelaire acudió corriendo al lugar y exclamó: «¡Oh, Gérard! ¿Qué has hecho? ¿Por qué no viniste a abrazarme?»

En 1862 el historiador francés Jules Michelet publica *La bruja*: un ensayo indispensable para los estudiosos de las supersticiones, los maleficios y los diablos en tiempos medievales.

Para comprender a fondo aquella época tan mefistofélica existe otra fuente imprescindible: *El otoño de la Edad Media,* del historiador holandés Johan Huizinga (1919). Al igual que *La bruja*, su documentación impecable. La prosa pulcra y amena, invita a la relectura.

En 1862 triunfa una vez más la necrofilia en Londres cuando un pintor y poeta prerrafaelista desentierra a su esposa. Dante Gabriel Rossetti se había casado con una modelo pelirroja llamada Elizabeth Siddal. Como él se llamaba Dante, se obsesionó con la idea de que ella era Beatriz, la amada del poeta florentino que a principios del siglo XIV descendió al Infierno de la mano de Virgilio. El inglés idealizó la imagen de su esposa en muchas de sus pinturas, por ejemplo, *El sueño de Dante ante la muerte de su amada* (1856). Pero la bella pelirroja cayó en profunda depresión, parió una niña muerta y falleció. Dante Gabriel Rossetti, abatido, enterró la mayor parte de sus poemas inéditos en la tumba de su esposa. Siguió pintándola, como vemos en el cuadro *Beata Beatrix* (1863). Más tarde se arrepintió de haber arrojado sus poemas en el ataúd de Elizabeth Siddal. Para recuperarlos, desenterró a la difunta y entonces descubrió aterrorizado que la cabellera rojiza había seguido creciendo y creciendo hasta llenar por completo el sarcófago. Roídos por los gusanos muchos poemas eran casi ilegibles y, no obstante, este segundo Dante logró publicarlos. Ese episodio escatológico recuerda a Goethe estudiando el cráneo de su amigo Schiller.

En 1842 el ruso Nikolái Gógol da a conocer su obra maestra *Almas muertas*, una novela macabra donde un personaje, que pudiera ser el mismísimo diablo, recorre pueblos de la Rusia feudal comprando y vendiendo almas de los siervos muertos.

En esa misma tesitura tan funestamente rusa, Dostoyevski nos obsequia en 1866 la novela *Crimen y castigo*, hazaña literaria donde el Mal se coagula en la mente del estudiante Raskólnikov quien mata de un hachazo a una vieja prestamista y a la hermana de ésta para robarles. El plan es diabólico ya que el estudiante se cree un superhombre, un Napoleón, quien para conseguir sus designios está autorizado a asesinar sin remordimientos.

El uruguayo Isidore Ducasse a los 14 años se radicó en París autoproclamándose el Conde de Lautréamont. En 1869 publicó *Los cantos de Maldoror*. En el nombre de su personaje —que es su *alter ego*— ya aparece la palabra «Mal». El editor se negó a vender el libro por temor a ser acusado de blasfemia u obscenidad. Son seis terribles cantos poéticos que más tarde los surrealistas admiraron considerándolo el Padre del Surrealismo *avant la lettre* junto con El Bosco.

Lautréamont es el más maldito entre todos los malditos, si bien su lenguaje metafórico alcanza tal grado de brillantez que lo convierte en un hito fundamental en la historia de la poesía moderna. En *Los Cantos*, el protagonista Maldoror odia a Dios y a la humanidad. A partir de ahí todo es posible: crímenes, sadomasoquismo…

Algunas escenas imperecederas son Maldoror copulando con un tiburón hembra en un remolino de espumas ensangrentadas, o cuando disfruta disparando contra unos náufragos para impedirles llegar a la orilla.

En medio de estas páginas aparece la sentencia estética que más tarde artistas y escritores de vanguardia adoptaron como fórmula para apreciar la belleza desde un novedoso ángulo rupturista: «Bello es el encuentro casual sobre una mesa de disección de una máquina de coser y un paraguas».

¿Qué tendrán que ver entre sí esos tres objetos súbitamente unidos por el azar? Me gusta conjeturar que la máquina de coser representa a una mujer (por sus formas voluptuosas y sus usuarias) mientras que el paraguas (por su diseño fálico) simboliza a un hombre, y que ambos copulan encima de esa cama con ruedas donde se practican las autopsias. Así que simbólicamente se trata de dos cadáveres fornicando en un frío lecho nupcial. Eros y Tánatos. En cualquier caso, la síntesis de la imagen es perturbadora. Precisamente, ese trastorno prefigura una nueva mirada poética y artística 55 años antes del Primer Manifiesto Surrealista. En ese desafiante paradigma estético ya no habrá lógica, todo será irracional, onírico, impulsado desde el automatismo del inconsciente.

Durante décadas el Conde de Lautréamont ha sido un enigma, lo más que sabemos es que leía mucho, emprendía largas caminatas a orillas del Sena, bebía mucho café y aporreaba el piano para tormento de sus vecinos.

En cuanto a su extraño apodo, adivino un ingenioso juego de palabras, o más bien dos: Lautréamont= *De l'autre monde* (del otro Mundo, del Más Allá) otra posibilidad sería: *L'autre mont* (el otro Monte, en alusión a Montevideo, donde nació).

En 1870 sale a la luz *La Venus de las pieles*, del austriaco Leopold von Sacher-Masoch, de cuyo apellido proviene la palabra «masoquismo». Corrupción, humillación, fetichismo, maltratos sexuales, todo eso desfila por las páginas de esta novela donde el dolor es una forma de voluptuosidad.

Un año después, en *A través del espejo y lo que Alicia encontró allí,* Lewis Carroll describe a una morsa que se come a los bebés de las ostras con gorritos. La escena aparece en la versión de Disney. Es uno de los temas recurrentes del Mal: comer bebés, algo que ya hemos comentado en períodos anteriores, y que también se renueva en el Surrealismo como vemos en el cuadro de Leonora Carrington titulado *La comida de Lord Candlestick* (1938) donde figuran varios manjares, entre ellos un niño a quien una de las inquietantes comensales le clava un tenedor.

Como ya he comentado, el irlandés Sheridan Le Fanu publicó en 1872 la novela *Carmilla,* cuya protagonista es una vampira lesbiana. Esta ficción pudiera recordar a *La novia de Corinto,* de Goethe, o a la vampira de Gautier, pero en realidad se inspiró en las atrocidades perpetradas por la condesa húngara Erzsebet Báthory (1560-1614), quien se bañaba en la sangre de sus víctimas para mantenerse joven. Siguiendo sus macabros rituales, asesinó a 650 muchachas.

La escritora francesa surrealista Valentine Penrose es quien mejor ha estudiado este escalofriante caso en su libro *La condesa sangrienta* (1957). Esta depredadora sexual tuvo un predecesor masculino: Gilles de Rais, noble francés que se cubrió de gloria luchando junto con Juana de Arco. Sin embargo, se descubrió que entre 1432 y 1440 Gilles masacró, violó y despedazó a centenares de niños y niñas en una corte formada por brujos, alquimistas, videntes y adoradores del Diablo.

El escritor francés Charles Perrault se basó en Gilles para escribir *Barba azul* (1697). Considerado durante un tiempo un cuento de hadas, más tarde quedó prohibido para lectores infantiles. En el relato, una mujer descubre que su marido esconde en una habitación secreta los cadáveres de sus anteriores esposas.

Esta fábula se hizo realidad en 1915 cuando Henri Désiré Landru comenzó a asesinar mujeres en Francia. Durante la Primera Guerra Mundial, París se llenó de viudas jóvenes y de muchachas solitarias cuyos novios combatían en el frente. Landru las conquistaba para asesinarlas y quedarse con su dinero, joyas, muebles, casas. Enseguida lo apodaron «Barba Azul». Fue arrestado, juzgado y condenado a la guillotina en 1922. Le probaron once asesinatos, aunque la policía calculó entre 117 y 300 el número de mujeres asesinadas por «Barba Azul». Inspirándose en este asesino serial, Charles Chaplin dirigió y protagonizó *Monsieur Verdoux* (1947). Un tema realmente asombroso en la filmografía del Dueño de la Risa. Cuesta ver al apolíneo Chaplin, siempre tan alejado del Mal, encarnando a este pavoroso personaje. Diríase que el ingenuo, buenazo y entrañable Charlot sucumbe a la sombra de este asesino en serie. Claro, la idea original de este filme tan atípico no era suya, sino de otro genio, Orson Welles, quien siempre estuvo rondando argumentos dionisíacos, desde su programa radial anunciando la invasión de los marcianos que provocó el pánico colectivo en Nueva York y en Nueva Jersey hasta *El proceso* pasando por *El extraño y Sed de Mal.*

Cuando vemos las fotos del auténtico Henri Landru, con esos ojos hipnóticos hundidos, las cejas pobladas, los arcos superciliares pronunciados y la barba puntiaguda, no podemos dejar de pensar en la clásica fisonomía del Diablo. ¿Casualidad o es que en algunos casos Lombroso tenía razón?

En 1884 el parisino Joris-Karl Huysmans da a conocer su obra maestra: *Al revés*, que en otras traducciones se titula *A contrapelo* y *Contra Natura*. Esta novela considerada la Biblia del Decadentismo, gira en torno a Des Esseintes. Este misántropo, aparte de sus excéntricos refinamientos y su exquisita evasión de la realidad, tiene momentos diabólicos. En el capítulo VI corrompe a un joven a quien lleva a un prostíbulo donde le paga todos los placeres, esa noche y otras. Más tarde, el aristócrata cortará súbitamente esa financiación, de tal manera que el adolescente, ya acostumbrado a las delicias del sexo gratis, al carecer de ingresos para pagárselos, se convertirá en un delincuente para continuar con esos goces. Tal grado de alevosía ilustra hasta dónde puede llegar la perfidia de un taimado ante un menor.

En 1854, en una pequeña ciudad de provincia de Francia, nació un niño prodigio llamado Arthur Rimbaud. Ese genio precoz detesta a su madre y se escapa del hogar sin cesar: Londres, Bélgica... Es un superdotado que acumula premios de literatura, de retórica y de lenguas ya en primaria. Conoce en París al poeta simbolista Paul Verlaine, mucho mayor que él y con quien mantendrá una turbulenta relación que acaba cuando aquél le dispara hiriéndolo a sedal en una muñeca. Rimbaud se emborracha con ajenjo, consume hachís, vagabundea por las calles parisinas, hiere a un fotógrafo golpeándolo con una varilla de hierro.

Bajo la poderosa influencia de Baudelaire, Rimbaud será el príncipe de los Malditos, acaso el más deslumbrante. Los versos de este «niño terrible» alcanzan una calidad insuperable, un fulgor único. Cambió el panorama de la poesía francesa a los 17 años con *El barco ebrio* y, dos años después, con *Una temporada en el Infierno* (1873). También escribió «*Iluminaciones*» (1874). Víctor Hugo dijo que era «Shakespeare niño».

En un registro más obsceno, Rimbaud escribió al alimón con Verlaine el *Soneto al ojo del culo*. Ya antes, el conceptista español Quevedo había hurgado en estos temas escatológicos con su epitafio *A un bujarrón* o su poema en clave picaresca dedicado *Al pedo*.

Volviendo a Rimbaud, a los 19 años repentinamente deja de publicar, desaparece, nadie sabe dónde está. Anda por Etiopía, por Yemen, donde trafica con armas, marfiles, café, hachís y esclavos. Ha saltado de la poesía a la anti-poesía. De la gloria al silencio. No cambió la vida, sino que cambió de vida. Murió a los 37 años dejando una estela luminosa en el firmamento de la poesía europea.

Rimbaud había escrito: «yo es otro». ¿Quién fue realmente Rimbaud? ¿El gran poeta o el mercader en África? ¿A cuál de los dos creemos conocer mejor? Tal parece un episodio de doble personalidad, como en *El extraño caso del doctor Jekyll y mister Hyde* (1886) publicado por Robert Louis Stevenson cinco años antes de la muerte de Rimbaud.

El doctor Jekyll muy bien pudo haber afirmado ser «otro», pues tras beber su misteriosa poción se transforma en el señor Hyde: un criminal sin escrúpulos. El Bien y el Mal conviven en cada ser humano, tal es la tesis de esta estupenda novela sobre los confusos abismos de la psiquis humana.

En 1888 Paul Verlaine —el que le disparó a Rimbaud— publicó *Los poetas malditos*: semblanzas entre ensayísticas y anecdóticas de seis escritores que él admiraba. Así nació el concepto «malditismo», o «escritores malditos», que son los que irritan al poder y a la moral convencional, los que no tienen éxito en vida, los marginados, los que llevan una vida escandalosa, los que a pesar de su talento son incomprendidos por la mayoría de lectores de su tiempo. Sus obras reniegan de la sociedad tradicional, pues rompen con las reglas de la academia y practican un arte libre, no sólo en poesía o novela, también en cine, en artes plásticas, en teatro, en arquitectura...

¿De dónde sacó Verlaine la noción de «malditos»? Obviamente de *Las flores del Mal* (1840), de Baudelaire. La palabra «Mal» tuvo éxito y larga descendencia.

Los poetas antologados por Verlaine son Arthur Rimbaud, Tristan Corbiére, quien muere muy joven y deja poca obra; el gigante Stéphane Mallarmé, autor de *La siesta de un fauno (1865) y Un golpe de dados jamás abolirá el azar* (1897); la cantante y poetisa Marceline Desbordes-Valmore con sus elegías entre depresivas y oscuras; Auguste Villiers L'Isle-Adam, autor de *Cuentos Crueles,* y Pobre Lelian (*«Pauvre Lelian»* anagrama en francés del propio Paul Verlaine), a quien debemos los *Poemas Saturnianos* (1866).

En 1890 aparece *El retrato de Dorian Gray*, única novela de Oscar Wilde donde se mezclan el dandismo, el terror gótico, el afán fáustico, el hedonismo, la búsqueda de la eterna juventud y la corrupción del alma. En cierta forma reanuda el tema de la identidad oculta planteado por Stevenson en *Doctor Jekyll y Mister Hyde*. En el severo contexto de la moral victoriana Oscar Wilde tuvo que enfrentar juicios por su homosexualidad que lo convirtieron en un «maldito». Fue condenado a dos años de prisión al cabo de los cuales su carácter cambió, dejó de ser el carismático, elegante y brillante conversador irónico. El exitoso dramaturgo se hundió en la depresión.

Una vez liberado, se marchó a la capital francesa con problemas económicos y de salud, repudiado por su familia y los amigos. Se convirtió en «otro», al punto de usar el seudónimo de «Melmoth», aquel personaje errante forjado por su coterráneo y tío abuelo Charles Maturin. ¡Otro abuelo maldito! Tarabuelo, bisabuelo, abuelo... en estas genealogías tan enrevesadas, ¡da lo mismo!

En 1892 Julio Verne parece alejarse de sus acostumbradas ficciones científicas para aventurarse en la literatura fantástica con *El castillo de los Cárpatos* que tuve el honor de traducir al español para Círculo de Lectores (Barcelona, en 1997). Mi segundo placer fue prologarla para la editorial mexicana MIRLO en el año 2018. La historia transcurre en una Transilvania supersticiosa donde hay una fortificación habitada por el Diablo. Allí ocurren hechos extraños: imágenes de espíritus, luces misteriosas, la embelesadora voz de una mujer que canta.

Sin embargo, al final, Verne deja lo fantasmagórico y regresa a su terreno habitual de ciencia-ficción, pues todo se debe a un aparato, con lo cual se anticipó 55 años a la invención del holograma que más tarde influiría en Adolfo Bioy Casares con *La invención de Morel* (1940).

En 1894, con tan solo 20 años, otro maldito llamado Alfred Jarry revolucionó el teatro europeo con su obra maestra *Ubú Rey*, que ya empieza con un exabrupto («*merdre*» = mierda) desafiando los buenos modales del público. Con esa obra, Jarry se convirtió en el precursor más importante del dadaísmo, del surrealismo y del teatro del absurdo. Solía pasearse por París en bicicleta y con una pistola al cinto que desenfundaba cuando estaba embriagado con ajenjo. Un día disparaba en un parque a unas botellas de champán y una mujer que andaba por allí con unos niños lo increpó alarmada: «¡Figúrese si llegara a darles!». Jarry contestó: «No se preocupe, señora, ¡haríamos otros!» Picasso heredó ese revólver y también se paseaba armado por París. El cubismo en general tiene momentos malditos, aunque no es su tono habitual.

En 1896 H.G. Wells —autor de *La guerra de los mundos*— publicó *La isla del doctor Moreau* donde profundiza en la manipulación biológica con un desfile de híbridos entre humanos y animales, fruto de las investigaciones del misterioso doctor Moreau con su laboratorio en medio de la jungla.

Con esta novela el más sobrecogedor terror teratológico se apodera del lector, pues se adelanta a los candentes debates de hoy sobre la alarmante posibilidad de crear «bebés de diseño» con genomas artificiales, mediante ingeniería genética y biología molecular.

En su época fue muy criticada por la comunidad científica porque nadie comprendió que era un grito de alerta. Esta ficción de Wells, cargada de maldad selvática, es una brillante variación del monstruo de Frankenstein y del científico loco creando vida en una probeta. Estos humanoides, homúnculos o monstruos, experimentan una regresión a la animalidad, reflejo de la visión pesimista de Wells sobre la sociedad de su tiempo.

En 1897 sale a la venta la novela *Drácula*, de Bram Stoker, sin duda influida por *Carmilla* de su compatriota, el irlandés Sheridan Le Fanu. Además, el Conde Drácula se inspira en el príncipe de Valaquia, Vlad Tepes, el empalador rumano que luchó contra los turcos en el siglo xv y quien, por cierto, en Rumanía es considerado un héroe nacional, no un monstruo sanguinario.

Esta historia diabólica ha sido llevada al cine innumerables veces a partir de la película muda *Nosferatu* (Murnau, 1922). Posteriormente el actor rumano de origen húngaro Béla Lugosi se adueñó en pantalla del célebre chupasangre a tal punto que circulan leyendas, por ejemplo, que fue enterrado con la capa del vampiro y que en el sepelio su amigo el actor Peter Lorre quiso clavarle una estaca en el corazón.

En 1898 el norteamericano nacionalizado británico Henry James publicó *Otra vuelta de tuerca*, novela que marcó un antes y un después en la literatura de fantasmas. Una institutriz y dos niños se enfrentan a malvados espíritus en una antigua mansión. El autor crea una inquietante atmósfera llena de ambigüedades que excitan la imaginación del lector abriéndola a diversas interpretaciones. Esto ya se nota desde el enigmático título sobre el cual se ha especulado mucho: *The turn of the screw*. «Apretar la tuerca» es llevar algo al extremo que, en este caso, consiste en incluir a menores en el género fantasmal. No es que los niños vean fantasmas, sino que están poseídos por ellos. ¿Se quiere algo más tremebundo?

En 1906 el austriaco Robert Musil publicó *Las tribulaciones del estudiante Törless*. Como en todo *bildungsroman*,[3] asistimos a la evolución psicológica del joven protagonista internado en una academia militar donde se practican vejaciones y abusos. Aparte de demostrar que el ahora llamado *bullying* no es nada nuevo, la novela muestra anticipadamente el caldo de cultivo de la maldad nazi, que ya se estaba gestando en el ambiente castrense.

En 1910 el francés Gaston Leroux publica *El fantasma de la Ópera*. A pesar de su factura rocambolesca y folletinesca, la historia de un fantasma enmascarado aterrorizando a todos por su amor a una joven vocalista sigue siendo atractiva y ha tenido éxito en cine, en teatro y en musicales de Broadway. La trama —que transcurre en 1881 en los sótanos de la Ópera de París— es una resonancia del amor de Quasimodo por la gitana Esmeralda en *Nuestra Señora de París*, que a su vez nos remonta a *La bella y la bestia*, de Madame Leprince de Beaumont.

En 1911 *La Mona Lisa* desapareció del Louvre. ¿Principales sospechosos del robo? El poeta Apollinaire y su amigo el pintor Picasso. Apollinaire ya era

---

[3] En alemán, novela de aprendizaje o de formación (*N. del A.*).

un «maldito» por su novela *Las once mil vergas* con la que quiso superar a Sade. La fama de transgresores los rondaba a ambos y por eso fueron interrogados por la policía. Más tarde quedó probado que eran inocentes.

Franz Kafka nos cuenta que Gregorio Samsa se despertó convertido en un monstruoso insecto. Sea escarabajo o cucaracha, será despreciado por su familia, barrido con asco detrás del sofá, le arrojarán manzanas, una de las cuales se le incrusta en el lomo donde se pudre.

Esa atmósfera onírica no reina solamente en *La Metamorfosis* (1915) sino que se extiende a todo lo escrito por este escritor nacido en Praga: «ciudad maldita», para él. Otra novela en la que se advierte la presencia del Mal en los infernales laberintos burocráticos, así como en la lenta espera ante la ley, es *El Proceso* (1925), cuyo protagonista es arrestado sin saber de qué lo acusan. Aunque es inocente, las autoridades lo tratan como reo de delito y lo procesan. Se abisma entonces en una pesadilla de oficinas, tribunales y papeleos que no puede ser sino diabólica. Un tema sumamente actual al cual se anticipó el genial Kafka.

Con su prosa seca y sin adornos, cn su estilo judicial de la época guillermina, Kafka vaticinó los principales males del siglo XX que se prolongan *in crescendo* hasta hoy: la alienación del individuo inmerso en la masa, los obsesivos ingenieros de utopías diseñando la monótona existencia colectiva del hormiguero, todos convertidos en poco menos que insectos sociales: hormigas, abejas, termitas, pronosticadas en la metafórica cucaracha de *La metamorfosis*.

Describiendo un universo dominado por el Mal, este escritor generó sin saberlo el adjetivo «kafkiano», usado en el lenguaje culto para definir cualquier circunstancia absurda que nos indica que algo anda mal... demasiado mal.

De ahí que su obra haya sido tan censurada por los Totalitarismos. Primero por los nazis, pues Kafka era judío; después por los estalinistas, quienes lo consideraron «pesimista y antirrealista» según el catecismo del Realismo Socialista. Él mismo quiso prohibir sus libros y papeles inéditos: «¡Quémalo todo!», le ordenó antes de morir a su amigo Max Brod, quien afortunadamente incumplió la promesa dada al escritor que quería ser olvidado. No quemó nada y lo publicó todo.

En 1982 busqué en vano la casa de Kafka en Praga. Horas y horas indagando por los alrededores del Reloj Astronómico y nadie lo conocía, o fingían ignorarlo por temor a represalias. Pregunté a policías, a turistas, en conservatorios, en museos, nadie sabía nada. Tras la invasión soviética se habían encargado de borrarlo del mapa. Un maldito relegado al olvido en su propia tierra.

En 1915 el austriaco Gustav Meyrink publica la novela *El Golem* basada en la leyenda judía de un gigante de arcilla creado artificialmente por el rabino cabalista Loew en el gueto de Praga. Este coloso escapa al control y provoca catástrofes. La versión cinematográfica (Paul Wegener, 1920) no tiene desperdicio.

La asociación entre el Golem y el monstruo de Frankenstein salta a la vista, si bien el primero es una criatura mística y, el segundo, un engendro científico. Por otra parte, la estatua judía que cobra vida prefigura al fiel sonámbulo Cesare de la película expresionista *El Gabinete del Doctor Caligari* (Robert Wiene, 1920).

Creado con barro, igual que Adán, el Golem es la alegoría alucinante de una tenebrosa sociedad de autómatas y esclavos hipnotizados que nos persiguen. Es nuestra propia automatización insinuada en la sensual autómata de la película *Metrópolis* (Fritz Lang,1927).

De vez en cuando la literatura y el arte despiden efluvios premonitorios. La conexión entre las obras de Musil, Kafka, Meyrink, Wegener, Wiene y Lang, en el mismo contexto (Alemania, Viena, Praga), —sean expresionistas o heraldos de la angustia alemana— profetiza que algo terrible se está gestando en el corazón de la vieja Europa, y no me refiero únicamente a la Primera Guerra Mundial, sino también a la Segunda, y no estoy pensando solamente en la Europa Occidental, sino también en la Oriental.

Algunos síntomas agoreros de ese proceso afloran en la mejor literatura, pero fuera de eso nadie parece advertir esas señales de alarma. Los árboles a veces no dejan ver el bosque, aquel bosque revelado por Baudelaire: «El hombre pasa a través de bosques de símbolos que lo observan con miradas familiares» (*Correspondencias*, 1857).

En 1920 André Gide termina su libro *Corydon* sobre el Uranismo, término usado en la época para definir la homosexualidad masculina. Fue un acto de transgresión nuevo, lo publicó por partes, sus amigos le pedían que desistiera para evitar el escándalo social que provocaría, incluso Paul Claudel le retiró el saludo. Gide no hizo caso y siguió adelante con su ensayo que se convirtió en una referencia de la cultura occidental por su alto nivel intelectual, y por sus referencias a las costumbres de la Grecia de Pericles y al *Banquete de Platón*.

En 1926 aparece, como salido de la nada, uno de los libros más enigmáticos del siglo xx: *El misterio de las Catedrales,* cuyo autor Fulcanelli nadie sabe quién fue. Solo sabemos que fue un alquimista cuya identidad real permanece aún en la sombra. Esa obra, que nos atrapa desde la primera página, explora y revela los secretos de las catedrales góticas. Esas gigantescas maravillas de la Edad Media quedan asociadas a las pirámides de Egipto, los templos griegos, las catacumbas romanas, las basílicas bizantinas. Una esotérica y científica unidad de fondo enlaza las catedrales con los grandes castillos feudales, según el hermético Fulcanelli, pues fueron trazados y construidos siguiendo un orden secreto establecido por maestros alquimistas. O sea, siguiendo la búsqueda de la piedra filosofal y la transmutación de la materia, el plomo convertido en oro.

Parece ser que Fulcanelli murió en la pobreza en París en 1932, pero nadie sabe nada con certeza. Tal vez ande todavía por ahí, envuelto en su capa infernal, midiendo el laberinto de la Catedral de Chartres.

En 1923 Raymond Radiguet provocó un escándalo en la sociedad francesa con su novela *El diablo en el cuerpo.* Tenía 20 años. Fue el Rimbaud de la prosa y también desapareció muy joven. Su novela huele a azufre desde el título: un joven vive una endemoniada relación amorosa con una mujer algo mayor cuyo marido está en las trincheras de la Primera Guerra Mundial. El patrioterismo francés reaccionó airado porque la novela parecía sugerir que la guerra facilitaba el adulterio ya que las mujeres quedaban solas en la retaguardia de la ciudad.

En 1923, durante una expedición privada a Camboya, un francés de 22 años fue arrestado por robar piezas de arte jemer en un templo abandonado. Lo condenaron en Saigón a tres años de prisión, que no cumplió. Paradójicamente denunció en la prensa el abandono en que estaban los monumentos arqueológicos camboyanos. Pronto adquirió conciencia social, se interesó por la guerra civil china y de ahí salió su novela más importante: *La condición humana* (1933). El ladrón de antigüedades asiáticas devino novelista destacado y brillante historiador de arte. En 1958 fue nombrado Ministro de Cultura de Francia. Se llamaba André Malraux. Los caminos del Mal también son inescrutables.

Un surrealista *avant la lettre* fue el francés Raymond Roussel, ese gran desconocido a quien nadie lee. Dramaturgo fracasado, le tiraban tomates en sus representaciones, los críticos lo pulverizaban. Por suerte tenía mucho dinero y, en vez de desanimarse, siguió escribiendo hasta regalarnos *Impresiones de África* (1910), una novela filológica y absurda que no tiene desperdicio por su sentido del humor y por la manera tan original de mostrarnos una realidad dislocada incluso en sus leyes físicas.

Gran ajedrecista, acabó inventando una jugada para el jaque mate con alfil y caballo que le valió algún reconocimiento. Se consagró a viajar por Europa con su caravana (o remolque) acompañado de su madre, quien llevaba en el tráiler un sarcófago por si la muerte la sorprendía en uno de los periplos de su delirante hijo. Roussel murió arruinado y sin ser reconocido por los surrealistas.

En 1909 se origina en Italia un impetuoso movimiento estético, el Futurismo, cuyo impacto llegó hasta las vanguardias rusas. Ideológicamente esta corriente se escoró hacia el fascismo italiano mientras que el Surrealismo, quince años después, se inclinaría hacia los principios del comunismo soviético. Así, los dos Totalitarismos del siglo XX contaron con sendas huestes de artistas y escritores. El error de ambas escuelas artísticas no fueron sus sueños sociales, sino la extremada politización. En medio del caos, unos confundieron a Stalin con Dios enfrentado al satánico Hitler, y otros creyeron lo contrario, cuando en realidad —tanto uno como el otro— usaban los mismos métodos supuestamente para llegar a metas distintas. De resultas, un tufillo azufroso se expandió por Europa deslizándose entre artistas, escritores y élites intelectuales. El viento soplado por el cartesiano «genio maligno», llevó a ambos grupos a considerar verdadero lo que era falso. Esta duda cartesiana sugiere que estamos sistemáticamente engañados, confundiendo el error con la verdad.

¿No parece que estamos sumidos en el teatro de sombras chinescas de la Caverna de Platón? ¿Vivimos inmersos en una ilusión creada por el Demiurgo, como afirmaban los gnósticos? Ninguna de esas antiguas intuiciones o revelaciones místicas parece hoy tan descabellada a la luz de los insólitos descubrimientos de la física cuántica, que han comprobado —científicamente— que la materia, en sus niveles subatómicos, se comporta de un modo extrañísimo, con ambigüedades e incertidumbres arbitrarias tan alarmantes que desafían diabólicamente todo lo que la física clásica nos había acostumbrados a ver. El fundador del Futurismo fue el poeta Filippo Tomasso Marinetti, quien concibió ese movimiento siguiendo los pasos de D'Annunzio. Estrenó en 1909 la obra teatral *Elettricità sessuale* (*Electricidad sexual*) donde aparecían robots femeninos, que no fueron los primeros como se ha dicho por ahí. Ya en 1817, en su relato *El hombre de arena*, E.T.A. Hoffmann introducía una autómata llamada Olimpia de quien se enamora el protagonista. Un año después vino Frankenstein de la mano de Mery Shelley. Pinocho, tan aparentemente tierno, es el Frankenstein infantil inventado en 1882 por Collodi. Cuatro años después el simbolista francés Villiers de L'Isle Adam publica la novela *La Eva Futura* en cuyas páginas el ingeniero Thomas Edison fabrica una androide o «ginoide».

Es un tema ahora muy de moda, me refiero al amor entre humanos y máquinas, los *transformers* enamorados, casi un trasunto o remedo tecnológica del mito «de la Bella y la Bestia».

La palabra «robot» la acuñó en 1921 el checo Karel ⬛apek en su obra teatro de ciencia ficción titulada *R.U.R.* estrenada, curiosamente, en los mismos dominios del Golem: Praga. Significativamente el término «robot» deriva de «trabajo» pues «trabajar» en ruso se escribe pабота (rabota) y en checo «robota». En 1927 el Pigmalión Fritz Lang nos deslumbró con el robot María, en *Metrópolis.*

Siempre estamos ante la vida creada artificialmente. La materia inerte que súbitamente cobra vida. En el fondo, es el drama gnóstico del Demiurgo, la deficiencia en el Pleroma, pues Adán y Eva fueron los primeros autómatas o androides, y nosotros somos sus descendientes.

Volviendo a la puesta en escena de Marinetti con sus sexuales muñecas eléctricas, sirvió para preconizar los principales atributos que definirían a los futuristas: el amor a las máquinas, a la tecnología, la pasión desmedida por la velocidad de carros, aviones, locomotoras; el dinamismo, la electricidad y, en consecuencia, el rechazo al pasado, a lo pretecnológico, a lo tradicional. Es la exaltación a ultranza del progreso mecánico e industrial donde el diablo danza entre sinfonías de cañonazos y sirenas de fábricas. El grandilocuente Marinetti aclamó a la Primera Guerra Mundial como el más bello poema futurista jamás escrito. He aquí algunas de sus ideas luciferinas:

«Un automóvil de carreras rugiente que parece que corre sobre la metralla es más bello que la Victoria de Samotracia.

¡Es necesario escupir todos los días sobre el *Altar del Arte*!

La pintura y el arte han magnificado hasta hoy la inmovilidad del pensamiento, el éxtasis y el sueño, nosotros queremos exaltar el movimiento agresivo, el insomnio febril, la carrera, el salto mortal, la bofetada y el puñetazo. Queremos glorificar la guerra: única higiene del mundo. Queremos destruir los museos, las bibliotecas, las academias».

Los futuristas, con su radical rupturismo, su odio al arte burgués y haciendo tabla rasa con todo lo anterior, se convirtieron en la vanguardia cultural pro fascista mussoliniana. Añoraban las glorias del Imperio Romano y aspiraban a resucitarlo.

Esta tendencia cultural duró hasta 1940 y dejó mucha obra plástica de excelente factura (Gino Severini, Carlo Carra, Umberto Boccioni, Giacomo Balla) además de iniciar una revolución musical: el «Ruidismo» de Luigi Russolo, quien escribió *El arte de los ruidos* (1913). Russolo fabricó instrumentos para producir ruidos. Grababa ruido de máquinas, estática, silbidos, zumbidos, explosiones, golpeteos... todo eso mezclado.

Esas estridencias desembocaron en la música concreta y en la electrónica, no obstante lo cual, semejante convulsión acústica sonaba como un pandemonio (del griego Pan= todo + demonios), neologismo acuñado por Milton para designar la capital del Infierno, lo cual nos devuelve a la tercera tabla de El Bosco titulada *El infierno musical*. A sabiendas o no, Russolo entró a formar parte de una ensordecedora genealogía que va desde *El Jardín de las delicias* hasta *El Paraíso perdido*.

En 1924 el poeta y teórico André Breton funda en París el otro gran movimiento, el Surrealismo, provocando un giro copernicano en la noción tradicional del arte y la literatura, no sólo en Francia, sino en Europa y aún más allá.

El Surrealismo le debe mucho al dadaísta rumano Tristan Tzara y al Padre del Psicoanálisis, Sigmund Freud. Si bien al principio era un movimiento puramente poético pronto se extendió a las artes plásticas, el cine, el teatro, la arquitectura...

Para una definición de la vocación transgresora de este movimiento baste esta frase de Breton: «El acto surrealista más simple consiste en salir a la calle con un revólver en cada mano y disparar, a ciegas, contra la multitud». Recordemos a Jarry disparando en las calles de París y también a Jacques Vaché (surrealista sin obra) quien en 1917, durante el estreno de *Las tetas de Tiresias,* de Apollinaire, sacó una pistola y amenazó al público en el teatro.

Tal vez el más diabólico de los surrealistas haya sido Breton. En su anti-novela *Nadja* (1928) el Mal se manifiesta a través de la pesadilla psiquiátrica. Está inspirada en un encuentro que tuvo con una joven desconocida. El desenlace es el ingreso en un manicomio de la seductora y misteriosa Nadja.

El universo bretoniano, rayano en locura, venía incubándose desde la Primera Guerra Mundial cuando él trabajó en clínicas mentales y aspiraba a ser psiquiatra. El surrealismo es irracional por naturaleza, por eso no es extraño que Breton defienda la locura como un derecho del individuo reacio a ser manipulado por los médicos. El patriarca supremo del surrealismo llegó a enfrentarse con los psiquiatras a quienes llamó «carceleros» y «fabricantes de locos».

Nadja concluye con esta frase lapidaria: «La belleza será convulsa o no será». Esta poetización de la frenopatía, o del onirismo psiquiátrico, se prolongó en otro surrealista de la primera hora: Antonin Artaud, el creador del «teatro de la crueldad». Acusado de «sobrepasar los límites de la marginalidad», pasó nueve años en manicomios bajo terapia electro-convulsiva.

Salió de los hospitales físicamente demolido y destilando odio contra la psiquiatría. Escribió entonces su ensayo *Van Gogh, el suicidado por la sociedad*. Afirmaba que, al igual que el pintor holandés, él no estaba loco, sino que los psiquiatras querían volverlo loco, porque envidiaban su genialidad.

Sus teorías sobre una nueva forma de dramaturgia emanan de su obra maestra: *El teatro y su doble* (1938). Dos años antes había viajado a México donde convivió con los Tarahumaras y experimentó con el peyote (*Lophophora wiliamsii*): una cactácea conocida como «la planta que hace que los ojos se maravillen». Artaud consideraba a los Tarahumaras superiores a la sociedad occidental.

México se convirtió en un imán para muchos miembros del movimiento. En 1938 Breton lo consideró «El país surrealista por excelencia». El poeta Benjamín Péret vivió en «el ombligo de la luna»[4] entre 1942 y 1947. La pintora Remedios Varo murió en México donde realizó lo mejor de su obra. Más de la mitad de las películas de Luis Buñuel fueron filmadas en México. La pintora de origen inglés Leonora Carrington llegó al país azteca en 1942 donde se

---

[4] México en náhuatl significa «ombligo de la luna» (*N. del A.*).

quedó hasta su muerte. Otro inglés, el millonario y mecenas Edward James, construyó un jardín surrealista en Xilitla, San Luis Potosí.

Aunque nunca fue miembro oficial del grupo, Jean Cocteau se acercó a los surrealistas. Su amor a la libertad radical lo llevó a sentenciar: «Si yo prefiero los gatos a los perros es porque no hay gatos policías». Su versión cinematográfica de *La bella y la bestia* (1946) no puede ser más surrealista. Su novela *Los niños terribles* (1929) acuñó el término *«enfant térrible»*: sinónimo de escritor o artista rebelde, maldito. El dramaturgo alemán Bertolt Brecht, por ejemplo, tuvo fama de ser «niño terrible» al igual que el poeta ruso Eugenio Estuchenko en la antigua Unión Soviética.

El libro más dionisíaco de Cocteau es *Opio: diario de una desintoxicación* (1930) donde reaparece la «flor del Mal» baudelairiana, que es la adormidera, o amapola.

Los surrealistas inventaron técnicas audaces como la del «cadáver exquisito»: una forma espontánea de creación poética colectiva, anónima, intuitiva y lúdica. Otro experimento dionisíaco fue la escritura automática: dejar que aflore el inconsciente mientras escribimos sin pensar en lo que escribimos. Liberarse del censor interior. Practicaron mucho estas zambullidas psíquicas: Breton, Philippe Soupault, Robert Desnos...

Pero... en esas exploraciones del alma lo que sale a flote es una segunda voz con la que no nos identificamos enteramente. ¿Acaso esa segunda voz es la del «Otro» que proclamaba Rimbaud? ¿Y quién es ese «Otro» que nos habita, reprimido en lo más recóndito de nuestro inconsciente? Si el bolígrafo o el lápiz se mueven solos sobre el papel, ¿no será un médium quien escribe? ¿Literatura o espiritismo? Parece que hemos entrado en la dimensión ocultista de Allan Kardec. En la plástica surrealista tenemos a varios de estos videntes endemoniados. Marcel Duchamp examina a fondo el erotismo en *El gran vidrio* (o *La novia desnudada por sus solteros*). Sus *ready-mades*, la *Mona Lisa* masculinizada con bigote y el título *L.H.O.O.Q.* («*Elle a chaud au cul*», literalmente «*Ella tiene el culo caliente*»), así como el urinario titulado *La fuente*, son ingeniosos golpes propinados a la tradición pictórica occidental.

En las esculturas y fotografías del vanguardista norteamericano Man Ray asoman algunas obras perturbadoras, como *El Regalo* (esa aterradora plancha con clavos que nunca podrá planchar) o *El enigma de Isidore Ducasse* donde algo siniestro está oculto dentro del envoltorio atado.

El pintor alemán Max Ernst aprieta la tuerca en *La Virgen castigando al niño Jesús* y en *Dos niños amenazados por un ruiseñor*. De nuevo los niños acosados por el Mal, ya sea en forma de la santa madre violenta o bajo la forma de un «inofensivo» pájaro que por su bello canto ha merecido tantos homenajes poéticos, musicales y hasta cuentos infantiles...

La paradoja, invertir abruptamente la sintaxis de la realidad, es muy del gusto surrealista. No olvidemos que al Diablo le gusta hacerlo todo al revés: escribe de derecha a izquierda, igual que Leonardo;

sus secuaces no se besan en la boca sino en el ano, bailan dándose las espaldas, tienen los pies invertidos. Aparte de mentir, enredar y confundir, su misión es poner el mundo patas arriba, como en un palíndromo cósmico.

Las provocaciones de Dalí se pueden resumir en un par de cuadros transgresivos: *El gran masturbador* y *El juego lúgubre*, donde asoma lo fecal. A Dalí también le gustaba desafiar los arcanos de ultratumba, como cuando se robó de un tanatorio la mano de un cadáver para otorgarle mayor verosimilitud a una secuencia de *El perro andaluz* (1929).

En 1926 el norteamericano H. P. Lovecraft escribe *La llamada de Cthulhu*. Se trata de un monstruo que llegó de las estrellas antes de que existieran seres humanos… ha estado durmiendo durante siglos y de pronto despierta. *En las montañas de la locura* (1936) es un homenaje a las visiones marinas de Poe y en el ensayo *El Horror en la literatura* (1927) investiga las raíces del terror que se hunden en la narrativa gótica. Fue el creador de un grimorio apócrifo: el *Necronomicón* supuestamente escrito por un árabe enloquecido y que contiene fórmulas para entrar en contacto con entidades sobrenaturales.

La línea temática abierta por Poe y por Melville —seguida por Lovecraft— ha sido muy fructífera en Estados Unidos de Norteamérica llegando hasta el popular Stephen King, para mi gusto demasiado comercial en las formas, aunque algunas de sus obras, una vez adaptadas al cine, son extraordinarias: *El resplandor, Cementerio de animales, Misery, La milla verde…*

En 1927 asoma en el horizonte *El lobo estepario*, del suizo alemán Hermann Hesse. Regresa así el licántropo, si bien en clave simbólica o existencialista. En esta novela asfixiante, oscura, angustiosa, se despliega el argumento de la doble personalidad, cuyo precedente es el *doctor Jekyll y míster Hyde* (1886), de Stevenson. El desdoblamiento del personaje de Hesse revela al lobo que llevamos adentro. El hombre es salvaje y racional al mismo tiempo. A veces asoma el misántropo, quien acto seguido está enamorado, ora aparece el criminal, ora el razonable, ora el que se deja arrastrar por los instintos más primitivos, latentes en la zona de penumbras de la psiquis...

Por ejemplo, el seminarista francés Georges Bataille iba para cura cuando, de pronto, cambió de rumbo y declaró que los prostíbulos de París eran sus auténticas iglesias. Bataille elevó al Surrealismo a categoría de religión y lo comparó con el Renacimiento. Su malditismo lo llevó a fundar una sociedad secreta («*Acéfalo*») cuyo emblema era un hombre decapitado. Pretendía crear una nueva religión y, para ello, se propuso llevar a cabo un sacrificio humano, que afortunadamente no llegó a perpetrar.

Su novela *Historia del ojo* (1928) ¿es pornografía o filosofía? En esta obra maestra del erotismo confluyen el placer y la muerte. Los desenfrenados personajes multiplican pecados y delitos, arrasan con todo, incluido lo sagrado.

Después de Sade, nadie ha ido tan lejos como Bataille. Nadie ha superado esa elevada temperatura de perversidad con una prosa tan pulcra, con tal despliegue de recursos expresivos y esa cosmogonía que metaforiza al ojo comparándolo con el huevo, con el sol, con la tierra, con el testículo, con el ano…

Nadie lo ha eclipsado, ni siquiera Henry Miller con *Trópico de Cáncer* (1934), ni el porno para mamás, ni el llamado «realismo sucio», ni todas las sombras que ustedes quieran, ni todos los (las) «diluidores» (Ezra Pound *dixit*) que banalizan el género erótico haciéndolo caer en el facilismo de lo soez, tal vez porque como dice Vargas Llosa: «La pornografía es un erotismo mal escrito».

Sin embargo, existe una pornografía clásica, mitológica, más excitante incluso que la vulgaridad a secas. Zeus convertido en toro para raptar a la princesa Europa, o en cisne para seducir a Leda con su fálico cuello. Ante todo, impacta la audacia de Pasífae, la reina de Creta, cuando ordena construir una vaca de madera dentro de la cual se esconde para gozar de las acometidas de un toro real… dando a luz al Minotauro. Zoofilia y teratología, la bella y la bestia, todo ello mezclado en la serena imaginación griega. Pudiera seguir con Pan copulando con una cabra, con el trío lesbiano copulando, o practicando el *cunnilingus*, los homenajes priápicos por doquier, y otras transgresiones que tanto abundan en Pompeya y en Herculano, podríamos incluso llegar a la India, a ese Kamasutra en piedra que es el templo del Kahurao… pero evitemos digresiones demasiado largas y regresemos al año 1934.

Sale entonces en las librerías *Siete cuentos góticos* de la danesa Karen Blixen (seudónimo: Isak Dinesen). Como indica el título, esta narradora se adentra en el terreno de lo sobrenatural con un estilo que no tiene nada que envidiar a los maestros del género. Su prosa es un cofre de diamantes, aunque lamentablemente es más recordada por la película *Memorias de África* (Sidney Pollack, 1985) que por sus otros libros, como *Vengadoras angelicales*, donde reflexiona sobre el Mal, todo ello envuelto en un halo de misterio. Cuando le dieron el Nobel a Hemingway, él dijo que tenían que habérselo concedido a ella. En su obra hay resonancias clásicas que parecen venir de *Las mil y una noches*, de los cuentos de hadas o de antiguas leyendas nórdicas. Esa mezcla tan maravillosa y la elegancia de su estilo obran el milagro.

¿Y qué nos hacemos con Ernst Jünger? «Exaltador de la guerra», le llamó Thomas Mann. En *Tempestades de acero* (1920) este escritor alemán narra sus recuerdos como oficial durante la Primera Guerra Mundial. Más tarde estuvo en París como militar durante la ocupación nazi, lo que no le impidió frecuentar a literatos en los círculos bohemios y consumir drogas.

«El uniforme, las condecoraciones y el brillo de las armas, que tanto he amado, me producen repugnancia», escribió en 1942 cuando se enteró de la exterminación de los judíos. A pesar de haber participado en el fallido atentado contra Hitler, en la posguerra sus obras estuvieron prohibidas hasta 1949. Varios libros suyos hablan sobre la experiencia psicodélica (LSD). Su obra maestra, *Sobre los acantilados de mármol* (1939), es una novela preñada de simbolismo en la que muchos ven una denuncia de la tiranía.

Fue un autor controvertido que siempre despertaba la polémica, pero lo mejor de su prosa perdurará, a pesar de la diabólica belicosidad que salpica algunos de sus escritos más cuestionables. Parece que sí tenía un pacto con Satanás, pues esta especie de filósofo bélico vivió 102 años con la lucidez intacta. Dato curioso: coleccionaba escarabajos.

Al igual que Dios, Mefistófeles es ubicuo, así que en 1940 lo encontramos en Rusia cuando Mijaíl Bulgákov daba los toques finales a su obra mayor: *El maestro y Margarita*. Siguiendo la estela de Marlowe y Goethe, Bulgákov retoma el tema de un Fausto sovietizado, con personajes antológicos como Margarita convertida en bruja voladora, Poncio Pilatos, Vóland y su banda, el Maestro, el gato Popota, Asaselo y otros. Por supuesto, los censores no tardaron en sospechar que ese diablo visitando Moscú con sus astracanadas, podía ser una sátira para ridiculizar al ateo Stalin. De resultas, la genial novela estuvo 26 años prohibida y se publicó, con cambios y mutilada, en la Unión Soviética en 1966. La primera versión íntegra vio la luz en 1973.

Cada noche Bulgákov dormía cerca del teléfono esperando la llamada de su Satanás. Stalin lo había llamado un par de veces prometiéndole que lo dejaría viajar al extranjero, que la prensa publicaría sus artículos, que sus obras se estrenarían. Nada. Noches enteras esperando en vano. Cuentan que Bulgákov murió al lado de ese aparato silencioso, yerto y negro, como un murciélago disecado.

Saltando entre Moscú y París, Lucifer sigue haciendo de las suyas. En 1945 se publica póstumamente la obra de teatro *Mi Fausto,* del poeta y ensayista Paúl Valéry, cuyo estilo mezcla lo poético con el intelecto. Lo que sale de su pluma es pensamiento poetizado o poesía cerebral. Alguien tan fáustico como el autor de *Monsieur Teste,* no podía dejar de renovar el tema medieval del sabio alemán que vendió su alma al diablo.

En 1941 el francés Maurice Blanchot nos regala una obra de excepcional calidad y difícil lectura. La novela *Thomas el oscuro* es un puñetazo de concisión y brevedad. La nada, el vacío, la angustia y la muerte impregnan estas páginas de lenguaje depurado, preciso, poético y reflexivo a la vez. La realidad y la imaginación se confunden a cada paso, borrando la frontera entre el sueño y la vigilia, lo aparente y lo sólido.

El libro parece un homenaje a un Freud fantasmático, la novelización del psicoanálisis o el descenso a un enjambre de sombras. El intento onírico del protagonista de comerse una rata gigantesca nos remite al niño pobre con el ratón enjaulado descrito por Baudelaire, y el océano en el que penetra Thomas es el mar tinto en sangre donde Lautréamont (o Maldoror) copula con un tiburón hembra.

Místico, sin dejar de ser siniestro, este relato a veces surrealista conecta con el «sentimiento oceánico» que para Freud es la sensación de plenitud del lactante antes de separarse psicológicamente de la madre. De ser así, Thomas sería un feto flotando en un océano de líquido amniótico donde será atrapado por el Todo.

En 1947, durante su exilio norteamericano, Thomas Mann publica *Doktor Faustus* sumándose así al mítico linaje de obras fáusticas, desde Marlowe y Goethe hasta Bulgákov y Valéry. En esta nueva versión el protagonista será el ficticio compositor alemán Adrian Leverkühn: un prodigio de la música que —con la ayuda de Mefistófeles— refina su maestría al máximo para alcanzar la gloria artística.

Sin embargo, más allá del alma malograda del compositor, la narración también alude al alma de Alemania vendida al nazismo. Ese pacto satánico, en el trasfondo alegórico de la novela, conduciría a los horrores de la Segunda Guerra Mundial.

En 1952 Aldous Huxley publicó *Los demonios de Loudun*, novela basada en un hecho real del siglo XVII cuando unas monjas sufrieron una posesión demoníaca pues estaban hechizadas por un cura acusado de brujería y quemado en la hoguera. Fue una histeria colectiva parecida al caso de las «brujas de Salem». Curiosamente, un año después, en 1953, el dramaturgo norteamericano Arthur Miller estrena *Las brujas de Salem*, una obra de teatro inspirada en los juicios por brujería que tuvieron lugar en 1692 en la aldea de Salem (Massachusetts).

A esta forma de persecución brujeril —que viene desde la Edad Media— se le ha llamado en política «caza dc brujas». El estreno de la obra de Miller coincidió con la «caza de brujas» desencadenada en Estados Unidos durante el «Macartismo» entre 1950 y 1956 cuando el senador Joseph McCarthy promovió un proceso de delaciones, acusaciones, denuncias, interrogatorios y listas negras contra personas sospechosas de ser simpatizantes comunistas o agentes soviéticos (principalmente figuras significativas de la industria del cine). El ambiente era propicio para que apareciera el siempre controvertido Giovanni Papini con su obra *El diablo* (1953). Sin duda siguiendo los pasos de Defoe, el italiano va más lejos y horrorizó a la iglesia afirmando que el amor de Dios es tan grande que durante el Juicio Final perdonará a los pecadores y cerrará el infierno.

Mi maestro y amigo José Lezama Lima a veces era dionisíaco, aunque sin dejar de ser católico. Una vez estuve presente en su casa durante la visita de su confesor, el Padre Gaztelu, poeta de la generación de Orígenes. Yo guardaba silencio mientras ellos dos se enzarzaban en una discusión teológica de altos vuelos. En un momento dado el cura se enojó: «Estás negando la existencia del infierno», le reprochó a Lezama. Este meditó un instante: «Está bien, padre, el infierno existe, pero está vacío».

En 1955 el austriaco Alexander Lernet-Holenia escribió *El conde Luna*, laberíntica y subyugante novela que parece policíaca al principio, pero al final impone una atmósfera irreal que nos lleva más allá de la Muerte.

En 1955 se aparece Vladimir Nabokov con su *Lolita* y enseguida se arma la algarabía entre la mojigatería internacional. La novela es sincera y cuenta la obsesión sexual de un padrastro por su hijastra de 12 años. Es el canto de amor a las «nínfulas». La hipocresía desató sus furias contra el autor.

Como era de esperar, el libro estuvo prohibido en Francia, Inglaterra, Estados Unidos, pero finalmente se abrió paso porque —aparte de su calidad literaria— nada es tan atractivo como un tabú, sobre todo cuando las convenciones sociales lo señalan como tal.

Sería inexacto encasillar a Nabokov bajo el marbete de «escritor erótico». Este escritor ruso nacionalizado estadounidense también tiene mucho que decir como crítico literario, ensayista, conferencista y profesor.

En 1966 confesó en la revista *Vogue* que su inspiración para *Lolita* fue Lewis Carroll. «Fue el primer Humbert Humbert. ¿Habéis visto sus fotografías con niñas?».

Nabokov coleccionaba mariposas, pero el autor de *Alicia en el País de las Maravillas* (1865) coleccionaba ninfas a las que retrataba más o menos disfrazadas y en poses sugestivas. Carroll tiene muchos defensores y también detractores, alguno incluso ha llegado a acusarlo de haber sido Jack el Destripador. En cualquier caso, lo cierto es que, aparte de sus musas infantiles, nos dejó otro libro maldito: *Matemática demente*. Nada gusta tanto al Diablo como las ciencias «exactas» donde el poder de abstracción engendra las más desconcertantes paradojas hasta llegar al vacío donde ya no existe el sentido común. La risa algebraica del autor (y de su subversivo aliado Satán) se esconde detrás de muchos acertijos y problemas planteados en esta obra.

Pero volviendo a Nabokov, yo supongo que bebió además en otras fuentes. Por ejemplo, el increíble artista polaco-alemán Hans Bellmer, quien ya en 1933 había construido su «Muñeca», un maniquí desarticulado, con dos vaginas y cuatro piernas, al que siguieron otras marionetas eróticas, también grabados de andróginas con penes, en posturas cada vez más audaces o simplemente descoyuntadas.

Por aquellos mismos años, otras fuentes de inspiración para *Lolita* pudieron ser las niñas de Balthus en posiciones atrevidas, algunas desnudas. Este pintor polaco, nacionalizado francés, decía: «Las niñas para mí son sencillamente ángeles y en tal sentido su inocente impudor propio de la infancia. Lo morboso se encuentra en otro lado».

Tan temprano como en 1934 protagonizó un escándalo en París con su cuadro *La lección de guitarra* que muchos interpretaron como una escena de lesbianismo entre una profesora y su alumna. A mí, sin embargo, ese lienzo me recuerda a *La Virgen dándole nalgadas al Niño Jesús* (1926), del irreverente Max Ernst, otro maldito ya antes comentado.

De todas maneras, queda siempre la duda diabólica, ya que el hermano mayor de Balthus, Pierre Klossowski, escribió un ensayo titulado *Sade mi prójimo* (1947). Parece cuestión de familia, o de polacos.

Y hablando de familia, Laura de Noves era una respetable señora a quien Petrarca dedicó muchos sonetos en el siglo XIV. Al igual que la Beatriz de Dante, fue idealizada por el poeta como el único amor puro que conduce a Dios. Pero era tan bella que en 1337 un Petrarca totalmente enamorado se mudó a Vaucluse (Francia) para vivir cerca de ella, y al menos verla a lo lejos, todo eso a pesar de estar casada con el marqués Hugo de Sade.

¡Qué ironía de la historia! Laura de Sade fue el amor platónico de Petrarca, por tanto, virtuosa según los cánones del amor cortés, lo cual no impidió que andando el tiempo tuviera un descendiente muy pervertido llamado el Marqués de Sade.

La genética del alma es mucho más intrincada e imperceptible que la del soma. ¡Ay, esa abuela¡¡Ay, esos abuelos malditos!

En 1965 el inglés John Fowles publica *El Mago* que combina ingredientes de misterio con elementos góticos y destellos malignos, sobre todo en los episodios dedicados a los nazis. Una novela impecablemente escrita que, a pesar de sus más de 600 páginas, no se nos cae de las manos. *El Mago* es sin duda una de las obras maestras del siglo XX.

En 1967 el austriaco Thomas Bernhard publica *Trastorno*, donde ya palpitan sus temas habituales (la soledad, la enfermedad, la locura, el suicidio). *Trastorno* revela cierta afinidad química con Kafka. Esa correspondencia magnética se establece con *El Castillo* y *Un Médico rural.*

El Mal es la fuerza oscura que se apodera de los personajes trastornados y del castillo del príncipe Saurau. El Mal se coagula en la masacre de los exóticos pájaros putrefactos. Thomas Bernhard es el mejor heredero del autor de *La Metamorfosis.*

En la narrativa mexicana las sombras del Mal se proyectan sobre algunos autores: Juan Rulfo con los murmullos fantasmales de ese pueblo muerto llamado Comala, Salvador Elizondo con la tortura china retratada en *Farabeuf,* Carlos Fuentes creando la penumbra donde la joven *Aura* y su anciana tía son la misma persona... pero pienso, ante todo, en aquel contra quien más se ensañó el Mal: Jorge Cuesta suicidado en 1942 tras un segundo acceso de locura que lo llevó a acuchillarse los genitales. Cuesta era ingeniero químico y le apodaban «el Alquimista». Había trabajado en un polvo que supuestamente convertiría el agua en vino y experimentó con sustancias indescifrables que bebía para cambiar de sexo.

Sus poemas semejan disposiciones de palabras desplegadas con el esmero de una fórmula química. Sus obras maestras son el ensayo *El diablo en la poesía* (1934), cuyo título ya nos avisa, y el poema *Canto a un dios mineral* (1942). ¿Y quién será ese dios tan «mineral» que nos devuelve a su laboratorio de alquimista? Cuesta poseía un lenguaje tan devastador y una inteligencia tan inefable que no se puede explicar a quienes no lo hayan leído.

En la región caribeña soplan otros vientos embrujados. Mi amigo y maestro Alejo Carpentier publicó en 1949 su novela *El Reino de este mundo* donde relató la revolución haitiana entreverada con rituales del vudú. Este culto yoruba, traído por los esclavos africanos desde Nigeria, sincretizó en otras partes, como en Cuba, donde le llaman «santería», o en Brasil, donde adquirió diversas denominaciones: Candomblé, Umbanda, Kimbanda.

En el prólogo a su novela, Carpentier estableció una suerte de teoría literaria girando en torno a la suma de supersticiones que él llamó «Lo real maravilloso» y que, más tarde, con el «Boom Latinoamericano», algunos dieron en llamar «Realismo mágico».

Nacidos en ese ambiente hechizado, algunos excelentes escritores haitianos, injustamente olvidados y apenas traducidos, narran ceremonias sacrificiales, se refieren al dios serpiente, o describen los trances espirituales, los tamboreos nocturnos, las danzas frenéticas donde los humanos copulan con dioses y diosas bajados del cielo, los zombis y los muñecos claveteados con alfileres. Dos novelas sobresalen: *Gobernadores del rocío* (1944), de Jacques Roumain y *El compadre General Sol* (1955), de Jacques Stephen Alexis. Todo ello mucho antes de que a Hollywood se le ocurriera inundarnos con zombis hasta en la sopa.

Ese pensamiento mágico se extingue hacia el Cono Sur donde surgen otras formas de fantasía menos colectivas, más intelectuales, individuales o contemplativas, lo cual no impide que cierta furia maligna se revele en Argentina, por ejemplo, en los malevos que habitan *El juguete rabioso* (1926), de Roberto Arlt; o en los cuchilleros del *Hombre de la esquina rosada* (1936), de Jorge Luis Borges, quien pergeñó otras fantasmagorías gnósticas en *Las ruinas circulares* (1940) y en *El inmortal* (1947). El protagonista de Adolfo Bioy Casares en *La invención de Morel* (1940) se enamora de un holograma, es decir, un fantasma tecnológico. ¿Cuáles son las oscuras fuerzas que expulsan a los dos hermanos de la *Casa Tomada* (1946), de Julio Cortázar? ¿Serán *Las Fuerzas Extrañas* de Leopoldo Lugones que fue quien empezó todo esto de lo fantástico ya en 1906? Gracias a sus distorsiones que rompen con el realismo convencional rozando lo sobrenatural, hoy se habla de «literatura fantástica argentina».

Otro argentino, Manuel Mujica Láinez, firmó *Bomarzo* (1962) narrada por un muerto que es un jorobado cojo: el duque Orsini, personaje maldito, cínico e intrigante, en su bosque de monstruos de piedra durante el Renacimiento Italiano.

En Uruguay tenemos al cuentista Horacio Quiroga. Discípulo de Lugones y bajo el influjo de Poe, sus relatos reflejan la muerte, la locura, la violencia, el terror de la selva, como comprobamos en dos espeluznantes cuentos: *La gallina degollada* y *El almohadón de plumas* (ambos de 1917).

Otro uruguayo, el inclasificable Felisberto Hernández, se adentra en la literatura fantástica con *Las Hortensias* (1949) donde ahonda en lo subjetivo, en el misterio de los objetos, en la transmigración de las almas, destroza la estructura lógica y trastorna la visión de la realidad. Aparecen aquí las muñecas posesas, como en una metempsicosis del fetichismo erótico de Hans Bellmer. La casa de muñecas dentro de la casa de los espejos.

Y no olvidemos que Isidore Ducasse —el verdadero fundador del Surrealismo— nació en Uruguay en 1846. El más maldito de todos fue montevideano antes de volverse parisino a los 14 años cuando se autodenominó «Conde de Lautréamont».

En Chile nos sorprende una narración alucinante: *La amortajada* (1938), novela de María Luisa Bombal donde una muerta despliega un monólogo surrealista durante su funeral. Los que acuden a darle el último adiós suscitan en la difunta la introspección gracias a la cual asistimos a los momentos más importantes de su vida. «Libro que no olvidará nuestra América», escribió Jorge Luis Borges.

Una poderosa ficción brasileña es *Gran Sertón: veredas* (1956), de João Guimarães Rosa. Se trata de una «autobiografía irracional», como la definió el mismo autor. Su prosa imponente describe el desierto brasileño, donde aparece el diablo en más de una ocasión. El viento árido, la sequía, anuncian su ubicua presencia. Desfilan por la memoria del narrador guerras de alzados, espiritistas, bandidos, apariciones, pactos con Satanás, el odio, la venganza, el dilema del Bien y del Mal.

En el mismo país sobresale en 1964 Clarice Lispector con *La pasión según G.H.* Esta narradora brasileña (nacida en Ucrania) nos cuenta que una mujer llamada G.H. tras ver unas sombras en la pared, se encierra en el cuarto vacío de la criada donde descubre una cucaracha en el armario. A partir de ahí, la protagonista se abisma en un viaje interior hacia sus propias esencias. La prosa reflexiva y brillante de Clarice gira en torno al insecto que recuerda a Kafka, tal vez porque ambos son judíos. Sea brasileña o praguense, la cucaracha parece ser la metáfora de un antiguo malestar hebreo.

Otra escritora, mi amiga epistolar Marguerite Yourcenar, irrumpe en 1981 con transgresiones, incesto entre hermanos, culpa, tentación, remordimientos, todo ello narrado con asombrosa profundidad. Me refiero a su novela *Ana, Soror* que tuve la dicha de traducir en el año 2000 para la editorial española Círculo de Lectores (Barcelona).

Ambientada en Nápoles a finales del XVI no es casual que Yourcenar ubique a sus personajes en la época del Concilio de Trento y de la Contrarreforma Católica. El relato se despliega con su habitual estilo entre clásico y moderno aderezado en este caso con alusiones bíblicas. Eterna Yourcenar que nos demuestra —una vez más— que no existe literatura femenina ni masculina, simplemente existen libros bien escritos y libros mal escritos.

En 1980 Umberto Eco publica *El nombre de la rosa*. A pesar de estar saturada de reflexiones, citas en latín, debates teologales en torno a la risa, la novela logró combinar lo gótico con la intriga policial y fue un éxito de ventas, lo cual la sitúa en la ardua frontera que separa al *best seller* del *long seller*.

Unos misteriosos crímenes en un monasterio medieval, un investigador, su ayudante y un monje asesino ciego bastan para condimentar la salsa más culta haciéndola potable para lectores no avezados en historia medieval. Fiel a su apellido, Eco multiplicó los divertidos remedos: el jorobado estilo Quasimodo de Víctor Hugo, Sherlock Holmes y el doctor Watson con sus diálogos entre eruditos y detectivescos, y el anciano ciego llamado Jorge: una broma intelectual con Jorge Luis Borges y su Biblioteca de Babel.

La fórmula funcionó y nos remite a Chesterton: «El criminal es el artista creativo; el detective, sólo el crítico». El bibliotecario ciego es un creador diseñando asesinatos sin dejar huellas, y el inspector o monje filósofo, es el crítico que va siguiendo las pistas del delito cultural gracias a su vasta erudición. De modo que esta obra, sin duda gótica, también se inscribe en la corriente del humor negro iniciada 153 años antes por De Quincey con *El asesinato considerado como una de las bellas artes*.

Ahora bien, el libro más secreto y oscuro de la humanidad no es el libro perdido de Aristóteles sobre la comedia, como sugiere Eco, sino el *Manuscrito Voynich*. Nadie ha logrado descifrar ni una sola palabra de esta obra. No han podido desentrañarla ni criptógrafos, ni políglotas, ni bibliófilos, ni paleógrafos, ni historiadores, ni especialistas en descifrados de la Segunda Guerra Mundial, ni las más actualizadas máquinas de inteligencia artificial... al menos no hasta la fecha en que termino este ensayo.

Este desconcertante pergamino fue escrito en 1404 según pruebas del carbono 14. Es anónimo. Nadie sabe lo que dicen sus 240 páginas, ni para qué sirven si finalmente nadie lo iba a leer. El alfabeto no ha sido identificado.

Sus ilustraciones policromadas se dividen en Herbario: plantas inexistentes. Astronomía: estrellas, lunas, diagramas celestes o constelaciones zodiacales. Biología: pequeñas mujeres desnudas, como ninfas coronadas, bañándose en albercas o en aguas pantanosas dentro de gigantescos tubos. Cosmología: más diagramas circulares, islas, algo parecido a un volcán. Farmacología: antiguos frascos de cerámica para guardar drogas, dibujos de raíces, hojas. Recetas: fórmulas al parecer alquímicas con dibujos de estrellas y flores.

El manuscrito debe su nombre a un lituano especialista en libros raros, Wilfrid Voynich, quien lo encontró en 1912 en el Colegio Jesuita de Mondragone, cerca de Roma. Voynich, quien además era químico y farmacéutico, se lo compró a los jesuitas y trató de descifrarlo en vano. Actualmente esa misteriosa reliquia medieval duerme en la biblioteca de la Universidad de Yale.

Se han elucubrado varias hipótesis: que es obra del monje franciscano Roger Bacon, que es un tratado de alquimia de los cátaros (otra vez los gnósticos), que existe un lejano parentesco caligráfico con el alfabeto fenicio y el hebreo. Algún especialista conjeturó que era árabe. Todo descartado. Otros investigadores concluyen que es un mensaje hermético de los *anunnaki*: dioses o alienígenas que bajaron del cielo en Mesopotamia hace 450 mil años. Otros dicen que es una broma muy bien elaborada. Pero... ¿Quién es el bromista? Por un lado, este códice parece un grimorio babélico, por otro, su tono paródico hace pensar en un *Libro de horas* escrito al revés. Una burla tan sacrílega, que tiene seiscientos años rompiéndole la cabeza a tantos sabios sólo pudo haber sido concebida por el más antiguo de los abuelos, el mismísimo Diablo. ¿Será su autor?

Comenzado en Ciudad de México, 1 abril 2016.
Terminado el 30 de abril de 2019, Cuernavaca, México.

DOS APÉNDICES

Un laberinto llamado Sade

Dos hermanitas huérfanas se separan. Juliette escoge el camino de la prostitución mientras que Justine elige el sendero de la virtud. A partir de ahí esta novela versa sobre la casta Justine quien, a sus trece años, ya está sentenciada por su «fatal estrella». Pronto caerá en manos de las peores compañías, gente despiadada que la engañan, la estafan, la acosan sexualmente, bandidos que la violan, la golpean salvajemente y todo un rosario de abusos indescriptibles.

Veinte años después Justine se encuentra con su hermana prostituta. Para no estropearle al lector el sorpresivo final, diremos solamente que Juliette ha triunfado y es respetada gracias a la depravación mientras que su virtuosa hermana sigue siendo una desdichada. Este contrapunto alegórico —tan vehemente como maniqueo— sintetiza la más profunda convicción del marqués de Sade: que en este mundo el Vicio siempre derrota a la Virtud.

Justine, o los infortunios de la virtud (1788) fue la obra más escandalosa de Sade. Napoleón la arrojó al fuego alegando que «es el libro más abominable

jamás engendrado por la imaginación más deprava-
da». Muchos repudiaron a Sade cuando se publicó
este libro considerado «maldito». La obra que el lector tiene en sus manos fue la causa de que encerra-
ran al escritor en diversos manicomios. ¿Diagnósti-
co médico? «Demencia libertina».

El marqués de Sade se defendía de sus enemigos
estableciendo una distinción entre lo que pensaban
sus personajes y lo que opinaba él personalmente:
«Cada actor de una obra dramática —escribió—
debe hablar el lenguaje establecido por el carácter
que representa (…) entonces es el personaje quien
habla y no el autor, y (…) es lo más normal del mundo, en ese caso; que ese personaje, absolutamente
inspirado por su papel, diga cosas completamente
contrarias a lo que dice el autor cuando es él mismo
quien habla».

Estupendo análisis *avant la lettre* sobre las múltiples voces que asedian al escritor de raza y cuyos
ecos forman un palimpsesto tan ambiguo que ya ni
siquiera el mismo autor sabe muy bien quién es el
que habla: a fin de cuentas quién habla ¿él o ese
«otro» del que hablaba Rimbaud?

Pero la sociedad de su tiempo no estaba prepa-
rada para semejantes sutilezas categoriales. Así las
cosas, esta obra circuló clandestinamente durante el
siglo XIX y no fue sino hasta mediados del XX cuando su publicación empezó a normalizarse.

Todavía hoy muchos creen que las aberraciones
narradas por Sade en ésta y otras obras son de naturaleza autobiográfica. El «Divino Marqués» no era
un santo, pero tampoco un Barba Azul a lo Gilles

de Rais. Ninguno de sus supuestos delitos sexuales merecía sus prolongados encierros en hospitales psiquiátricos y cárceles, mucho menos la condena a muerte.

Sus aventuras eróticas —las de su vida real— son *peccata minuta* en comparación con lo que hacen sus protagonistas de ficción. Su obra no se compone de memorias, ni de confesiones, él no experimentó nada de lo que cuenta. Lo que hizo fue imaginar descabelladas situaciones, acaso inspirado por algunas anécdotas de amigos o conocidos. Quizá admiró en la colección privada de algún castillo los pocos grabados eróticos de Raimondi (1524) que sobrevivieron al fuego eclesiástico o los aguafuertes de Piranesi titulados «Las prisiones» (1745) donde vemos lúgubres ergástulas con cadenas, ruedas dentadas con pinchos, cuerdas colgando de poleas y hasta verdugos torturando a condenados, escenarios propicios para excitar la imaginación calenturienta de este marqués tan sensual.

Su maldición consistió en ser el primer transgresor literario, un adelantado en eso de desplegar un alto contenido sexual explícito. A pesar de sus aberraciones ficticias y de la mala fama que aún lo persigue, andando el tiempo Sade se ha convertido en un clásico imprescindible en cualquier biblioteca culta. Para encontrar algún precedente afín a Sade hay que retroceder hasta los *Sonetos lujuriosos*, de Pietro Aretino (1523).

En el peor de los casos, pudiera decirse que Sade fue culpable de imaginar demasiado. El mismo marqués lo dice mejor que yo: «Reconozco que soy libertino: he concebido todo lo concebible en ese género, pero qué duda cabe de que no he hecho todo cuanto he imaginado ni nunca lo haré. Soy libertino, pero no un criminal o un asesino».

Lo único documentado es que este aristócrata francés participó en un par de incidentes con prostitutas adultas. El primero fue en Arcueil, en 1768, donde Sade flageló con una cuerda anudada a una meretriz a cambio de dinero, pero ésta luego lo acusó de cortarle la piel y echarle cera derretida. Más tarde ella retiraría la denuncia, también a cambio de dinero. El segundo caso ocurrió cuatro años después durante una orgía en Marsella, también con profesionales del placer.

Estos escándalos tuvieron tanta resonancia que el rumor se difundió por toda Francia, así que a Sade lo condenaron a muerte, no obstante logró escapar, razón por la cual lo quemaron en efigie en una plaza. Por si fuera poco, le embargaron todos sus bienes: castillo, otras casas, tierras, rentas. También perdió la patria potestad de sus hijos. Una prueba de la desproporcionada asimetría entre sus delitos reales y la pena impuesta es que durante el proceso la esposa del marqués —Renée Pélagie— asumió su defensa. Pese a todo, las habladurías en la prensa se multiplicaron: lo acusaron falsamente de haber envenenado a alguna prostituta con unos caramelos, de haber raptado a su cuñada, se exageró todo con tal de llevarlo a la guillotina.

Como fulminado por la ira de Dios o anatemizado por un acto de justicia poética, su vida en cierto modo se parece a la de la jovencita de esta novela hostigada por la fatalidad, por la tragedia. Nada más nacer, el maldito marqués llevaba en su nombre un estigma imborrable. El abismal misterio de su sonoro apellido me ha intrigado durante años. Veamos por qué.

Sade empieza con la partícula «sa», lo cual ya suena a Satán. También encontramos esa sílaba inicial en palabras como sátira, sátiro, satírico, incluso en el *Satiricón*, la novela erótica de Petronio escrita en la época de Nerón. Todas estas voces habían sido acuñadas desde mucho antes del nacimiento de autor de *Justine*, a diferencia de «sádico» o «sadismo» que sí derivaron de su apellido como términos psiquiátricos que empezaron a difundirse unos veinte años después de la muerte de este turbulento marqués. Pero el enigma de su nombre no acaba aquí, pues otro vocablo preexistente a Sade —también con prefijo «sa» y de connotaciones sexuales— es «sáfico», procedente de la gran poetisa griega Safo.

Safo, Sade… Sáfico, sádico… ¿Oyen ahora la resonancia de esa sílaba «sa» reverberando a lo largo de la historia?

Otro antiquísimo término empieza con el mismo fonema «sa». Me refiero a «sarcasmo» y la obra de Sade está plagada de sarcasmos. La etimología en griego de «sarcasmo» viene a significar «burla cruel que penetra o rasga la carne» ¿Y qué son todas las escenas sadianas sino penetraciones de la carne y latigazos que rasgan la piel?

Un arcano semántico conduce a otro en asombroso encadenamiento. Otra palabra de origen bíblico guarda relación con la misma raíz, solo que con «o» en vez de «a». Me refiero a «sodomía», «sodomizar», que viene de Sodoma. Sodo... Sade... ¿Y qué decir de la casi homofonía entre Dante y Sade? Una etimología francesa asocia Sade con el verbo en desuso «sadaier», que significa «acariciar», «besar»: o sea, algo erótico.

¿Qué significa todo este milagro filológico? ¿Adónde conduce esta heráldica transgresora? ¿Qué simboliza que una «abuela» ancestral de Sade (Laura de Noves) fuera la amante secreta de Petrarca en el siglo xiv?

¡Ojalá el lector logre descifrar ese laberinto leyendo esta obra inmortal!

Prólogo a la novela Justine,
publicado por la editorial Mirlo, México, febrero de 2018.

Los maestros moribundos

¿Quién no conoce a Sade aunque sea de oídas? Su eco ha llegado hasta el habla popular gracias a términos psiquiátricos derivados de su apellido, como «sadismo» y «sádico».

También conocido por su título de marqués de Sade (1740-1814) es un escritor muy controvertido debido a sus explícitas ficciones sexuales. Así las cosas, lo que el lector tiene en sus manos no es libro como los demás, sino un animal rabioso tatuado con zarpazos de lucidez.

Filosofía en el tocador (1795) se divide en siete diálogos teatrales sin dejar de ser una novela, pues el autor mezcló ambos géneros creando una categoría literaria anfibia. A través de estos siete coloquios vemos cómo un grupo de «maestros inmorales» pervierten en cuestión de horas a la adolescente Eugenia. Los instructores que «educan» a esta quinceañera recién salida de un convento no son solamente hombres, también participa una mujer mundana, la voluptuosa señora de Saint-Ange, quien lleva la voz cantante junto con el ateo y refinado Dolmancé.

La virgen no es violada, ni siquiera amenazada. En todo momento se muestra obediente y disfruta de la orgía haciendo rápidos progresos en esa espiral de la depravación. Tanto consiente la novicia que al final su propia madre será torturada, la contagian con la sífilis, etc.

Esta «educación» transcurre entre disertaciones sobre sexo porque la «ardiente» Eugenia hace preguntas picantes envueltas en un supuesto velo de candor. Sus maestros le explican qué es la matriz, qué es el semen, discurren sobre el matrimonio y el adulterio, le hablan del condón («una bolsita de piel de Venecia»), le detallan qué es un burdel, etc... palabras, imágenes y conceptos inéditos que caen en los oídos de la jovencita excitándola cada vez más.

El tono de estas lecciones de hedonismo se va elevando hasta llegar a la escala ideológica incluyendo alusiones a *La Nueva Eloísa*, de Rousseau. Éste es el principal valor literario de Sade, la clave más profunda no sólo de estas páginas, sino también de otros libros suyos, ya que esa faceta intelectual le comunica a todo el espectro de su liturgia erótica un aliento especulativo que nos impide hablar de «pornografía» a secas.

Dicho de otro modo, *Filosofía en el tocador* mezcla el placer carnal con la metafísica. Por ejemplo, en el quinto diálogo, Sade introduce esta proclama: «Franceses, un esfuerzo más si queréis ser republicanos». Algo así como hagan el amor desenfrenadamente si quieren ser más revolucionarios. Este sarcasmo doctrinal, casi un evangelio de la obscenidad, ha mantenido ocupados durante décadas a críticos y analistas, como el filósofo Pierre Klossowski en *Sade mi prójimo* (1947): «La lectura del panfleto de Sade no deja de sumirnos en la perplejidad; y estamos tentados de preguntarnos si Sade no quiso desacreditar a su modo los inmortales principios del 89, si ese gran señor en decadencia no abraza la filosofía de las luces con el solo fin de revelar sus tenebrosos cimientos».

Sin ser exhaustivos, podemos enumerar entre las plumas famosas que han escrito largamente sobre Sade, a Maurice Blanchot (*Sade et Lautréamont*, 1949), Simone de Beauvoir (*¿Debemos quemar a Sade?*, 1952), Jacques Lacan (*Kant con Sade*, 1963), Roland Barthes (*Sade, Fourier, Loyola*, 1997), Octavio Paz (*Un más allá erótico: Sade*, 1993).

Francamente, ante el esfuerzo erudito de la creación sadiana me resulta imposible deslindar cuánto hay de épico y cuánto de sórdido. Sade es —junto con Lautréamont y Rimbaud— el autor más desconcertante de Occidente. No en vano los surrealistas le llamaron el «Divino Marqués».

Por otra parte, Sade vivió su etapa revolucionaria a pesar de haber sido un monárquico, ya fuera por su sangre, por su título, incluso por su cosmovisión sexual que coincide con una absolutista estructura jerárquica.

Un día antes de la toma de la Bastilla, donde estaba preso, se asomó a la ventana de su celda y, usando a guisa de altavoz el tubo donde defecaba, gritó a la gente que pasaba por la calle: «¡nos están degollando, aquí hay muchos muertos!» (Lo cual era falso).

¿Habrá sido ese alarido escatológico el detonante de la Revolución francesa? Un escritor depravado arengando a las masas veinticuatro horas antes del estallido de la revolución revela las conexiones secretas entre excremento, sexo y poder. Un libertino en el vórtice del huracán subversivo deviene un pájaro de mal agüero: pronto rodarán innumerables cabezas suscitando morbosos espectáculos públicos. La venganza clasista es otra forma de lascivia. Algunas revoluciones son más o menos pornográficas, porque suelen excitar a las muchedumbres en una orgía de sangre trascendental. Esa hemorragia es la mueca de la historia coagulada en un rictus amargo.

Como revolucionario, Sade redactó el discurso fúnebre del sepelio de Marat, pero también se opuso al Reinado del Terror de Robespierre. Escribió: «La guillotina ante mis ojos me ha hecho cien veces más daño del que me habían hecho todas las bastillas imaginables». Como se ve, no solo era un autor erótico, también le atraía mucho lo social.

De modo que los mismos revolucionarios que lo habían liberado, volvieron a encarcelarlo, y estuvo a punto de ser guillotinado. Más tarde fracasó como autor teatral y cayó en la miseria. En tan solo unas líneas, Sade se autorretrata de la cabeza a los pies: «Imperioso, colérico, impulsivo, exagerado en todo, con un desorden en la imaginación, en lo que atañe a las costumbres, como no hubo semejante; ateo hasta el fanatismo, heme aquí en dos palabras, y algo más todavía: matadme o aceptadme tal cual soy, pues no cambiaré».

Es un rebelde en guerra contra Dios, el Estado, la moral cristiana, las buenas costumbres, y contra cualquier forma de estructura social. Sin embargo, pese a ese nihilismo tan radical, sigue siendo un partidario de la monarquía. En este sentido sus contradicciones son notorias y constantes.

En resumidas cuentas, más que excitar al lector, Sade buscaba iniciar una revolución del deseo, que por supuesto no funcionó, si bien ha tenido algunos dignos herederos, muchos más en la pintura que en las letras.

En cierta forma el «Divino Marqués» remedaba a los filósofos de la Ilustración soñando con crear un nuevo orden social basado en el erotismo como única fuente de poder. Una especie de parodia en la que, por momentos, parece burlarse de Jean-Jacques Rosseau, de Voltaire, de Montesquieu y de Diderot, cuyas reflexiones sirvieron de inspiración para la Revolución francesa.

Si los pensadores del Siglo de las Luces exploraban las ideas, los preceptores de Eugenia investigan la carne. Rebajar el espíritu del enciclopedismo a los laberintos de la concupiscencia es una de las mayores ironías del Marqués de Sade, algo mucho más irreverente que las posiciones sexuales (casi picassianas) que adoptan sus protagonistas. Estamos ante el racionalismo convertido en epicureísmo: una moribunda utopía de la obscenidad.

Y hablando de moribundos, al final de este volumen se incluye un breve relato de Sade titulado *Diálogo entre un sacerdote y un moribundo* (1782) donde éste último es el *alter ego* del autor.

Se trata de un coloquio en el cual —como siempre en Sade— el vicio triunfará sobre la virtud. El agonizante formula una serie de preguntas al cura, un poco como en la mayéutica socrática. Pronto la conversación deriva hacia el tema del Bien y del Mal. El religioso responde con el manido argumento del «libre albedrío». Esta especie de dialéctica platónica no es tediosa, resulta muy amena, pese a querer llegar a las realidades trascendentales. En este diálogo se cita a Confucio, a Mahoma, a Moisés… de modo que no todo queda relegado al estrecho campo del Cristianismo, el discurso alcanza así la universalidad. En realidad, Sade aprovecha esta plática para deslizar sus opiniones sobre la ética humana y la naturaleza corrompida que nos rodea y nos habita.

Hacia el final el ateo moribundo parece abrazar la ética católica cuando sentencia: «Toda moral humana se encierra en esta sola frase: hacer a los demás tan felices como uno mismo desea serlo, y no causarles nunca un mal que no quisiéramos». Después de lo cual, invita al cura a participar en una orgía con seis bellas mujeres. Tras mucho intentar que el otro se arrepienta de sus pecados, el clérigo acepta, cede a la tentación.

El desenlace es jocoso, entre otras cosas, porque mal se explica que un moribundo pueda con seis mujeres. A ratos el «Divino Marqués» despliega ese sentido del humor —como cuchillada cínica— que no logró salvarlo de su tristeza visceral. Sade es *very sad.*

México, 23 de enero de 2017
Prólogo a Filosofía en el Tocador,
publicado por editorial Mirlo, México, a principios del año 2018.

ÍNDICE

www.ingramcontent.com/pod-product-compliance
Lightning Source LLC
Chambersburg PA
CBHW020921090426

42736CB00008B/746